教科書からは学べない！

「不動産の学校」「投資の学校」

株式会社GO STRAIGHT代表
咲本慶喜

はじめに

皆さん、買い物をするときに価格と品質が見合っているのかという事をわざわざ考えたりしませんよね。もちろん私も同じです。それはしないのではなく、今までの経験を基に習慣として自然に行っているからです。調べる必要が出てきたときは、スマホでちょっと調べて、判断材料にする程度です。

しかし、不動産の購入となると、そう単純にはいきません。不動産は、プロでない限り、購入する機会が限られていて、縁遠いものであるからです。価格と品質が見合うのかどうかを考えるときに、そもそも、何を調べればいいのか、誰に聞けばいいのか、「もっと知識があれば、よりいい物を買えたのではないか？」。そういう経験をお持ちの方も多いのではないでしょうか？

不動産について、インターネットを頼りに色々調べても、核心的な事は載っておらず、一生で一番高く大きな借金を背負う買い物であるにもかかわらず、購入の窓口となる不動産営業担当者の当たりはずれと、ある意味、勢いで契約をするという事にもなります。それでも、多くの方は、納得した不動産に巡り逢っているわけですが、残念ながら、投資不動産においては、将来の不安につけ込んで、粗悪なものを言葉巧みに売りつける不動産業者がいるのも事実なのです。

不動産投資を勧められ、疑う事もなく話を進められた方には、明らかに価値に見合わない価格で契約させられ、資産にもならず、副収入にもならず、毎月多額のローン支払いに追われ、給料でローンを補填しなければならないなど、本末転倒になっている方も多く見受けられます。不動産投資とは賃貸経営なのですから、賃料収入が毎月のローン返済額より多くならない限り、ローンが続く何十年間ずーっと赤字のままなわけです。こんな当たり前の事を、いざ、自分が物件を紹介されて検討する段階になると、全く考えられなくなってしまいます。

そして最悪の場合、ローン返済が出来ず「破産」、こんな方もいるのです。そのきっかけが、友人や職場の先輩などからの投資の話だったりする事も、被害に遭う方が多く生まれてしまう原因の一つでしょう。私は、不動産はマイホームであれ、投資用のものであれ、人を幸せにするものであると思っています。マイホームは、その家族の夢を叶え、投資不動産は、将来の自分の収入を支えるものです。私自身、確実な賃料収入が入る投資用不動産を所有しており、不動産投資は、素晴らしい投資だと心から感じています。

私は株式投資、ＦＸ、先物、海外ファンドなどで、過去には、年利１００％をはるかに超える普通の投資家では、巡り逢わないであろう高利回りの投資商品にも投資をしてきました。その長い投資経験の中でも、不動産投資が確実でストレスが無く、一番いい投資なのではないか、という結論に行きついています。

私が購入してきた不動産は、すべて安定した利回りを稼ぎ、すでに購入資金となる銀行の融資が返済し終わったものもあります。これは言い換えれば、不動産の購入資金は銀行が用立ててくれて、その銀行への返済は、不動産の借主が家賃という形でローンの返済をしてくれた事になるわけで、私は何もせず、銀行と借主さんが私の資産を作ってくれたわけです。そして、そこに難しい知識やテクニックなど必要ありません。こんな投資は、他には無いのではないでしょうか。

不動産投資は、こんなにいい投資なのに、なぜ失敗する方がいるんでしょうか？それは、「買ってはいけない不動産を買ってしまっているから」、単純にそれだけなのです。しかし、失敗してしまった（騙された）方だって、何も考えていなかったわけではありません。学歴の高い方も多数いらっしゃいますし、お人柄も良い方ばかりです。では、なぜ、騙されてしまったのか？　そこには、相手の言う事を鵜呑みにしてしまう行動パターンと、投資の知識、金融リテラシーが身についていないという2点が共通してあったのです。

ＳＮＳを巧みに使った詐欺など、騙す側は手を替え品を替え、色々な形で情報弱者の消費者から、大切なお金を搾取する方法を考えています。当然ながら、騙す悪質な業者が一番悪いに決まっています。しかし残念ながら、こうした業者相手にモラルや道徳を説いたところで、相手は変わりません。戦争や犯罪が無くならないように正しい事を唱え続けるだけでは悪は無くならないのです。だとすれば、騙されないためにやるべき事は、ただ一つ。消費者側が、知識を高めなければなりません。

しかし、不動産投資については、初歩的なノウハウ本や成功者の話などの参考書はあれど、実務に沿った具体的なポイントを解説してくれたり、そもそも優良な不動産を判断する方法を教えてくれる人すらいないのが現状でした。そこで、そういう不動産と投資の基礎知識を高め、また、悪質な業者に騙されないための啓蒙活動をも兼ねて、ラジオ番組の「教科書からは学べない〝不動産の学校　投資の学校〟」を始めました。

この番組を始めて、「こういう番組がもっと前から聴きたかった」という声を多く頂きました。また、ある方からは、お手紙も頂きました。そこには、騙されて投資不動産を購入してしまい、破産が目前という切実な思いが綴られていました。お手紙にはこれから投資を始める方々が、自分と同じ目に遭わないようにという思いで番組を応援している、そのような言葉を頂き、騙される人が一人でも少なくなるよう、私が培ってきた知識を皆さんに役立ててほしいという思いが一層強くなりました。そこで、ラジオでの話をもっと分かりやすく、一読してもらえさえすれば不動産選びの判断が出来るようになるものとして、一冊の書籍にまとめました。

本書は、私の会社への営業を誘導するものではありませんし、こうやったら儲かるというようなノウハウ本ではありません。ただ、本書を一読してもらえば、キャリアの浅い営業マン以上の正しい知識が身につくぐらい中身のつまった本になっています。ぜひ、不動産投資初心者のバイブル的な役割として、不動産を購入する方に読んで頂ければと思います。

２０２４年 12月　咲本慶喜

こんな風に読むと知識がサクッと頭に入ります。

まず、目次を見て興味のある章やタイトルのページを開く

↓

そのタイトルを読んで頭に入れ

↓

マーカー箇所を読んで、図があれば図にひと通り目を通す

↓

それから、本文を読む

はじめに　3

第1章　不動産投資と株などの一般金融投資は、全く別物である事を知っていますか？　17

第2章　騙されるタイプと買ってはいけない物件　31

第5章　これでもあなたは、ワンルームマンション投資をしますか？

第6章 ARUHIフラット35詐欺の真相

第7章　これを読めばすべて解る、よく解らないまま投資をしている不動産小口化商品

第8章 知らないと騙される。AIを活用した不動産購入 215

おわりに 225

第1章

不動産投資と株などの一般金融投資は、全く別物である事を知っていますか？

投資の知識が浅い方だけでなく、多くの投資家が、正しく理解していない事があります。まず、不動産投資と一般的な金融投資（ここでは、株式や投資信託などの投資商品を不動産投資と分けるために一般金融投資と呼ぶ事にします）は、全く違うものである事です。

これを正しく理解しないと、不動産投資で大きな資産を作る事は出来ません。なので、不動産投資初級者が買ってはいけない不動産や購入するときの具体的なチェックポイントなどを語る前に、まずは、不動産投資と株式などの一般的な金融投資の相違点を確認していきたいと思います。これを再認識する事によって、自分の思考や性格が不動産投資に向いているのか、金融投資に向いているのかを知る事が出来る機会にもなります（不動産投資経験者でプロレベルの方は、どうぞこの章を飛ばしてお読みください）。

同じ投資という呼び名であるものの、不動産投資の利回りと株式の利回りは、同じようには比べられないのです。この事をほとんどの人が理解していません。株式などの金融投資は、純然たる投資ですが、不動産投資は、不動産を貸して賃料を得

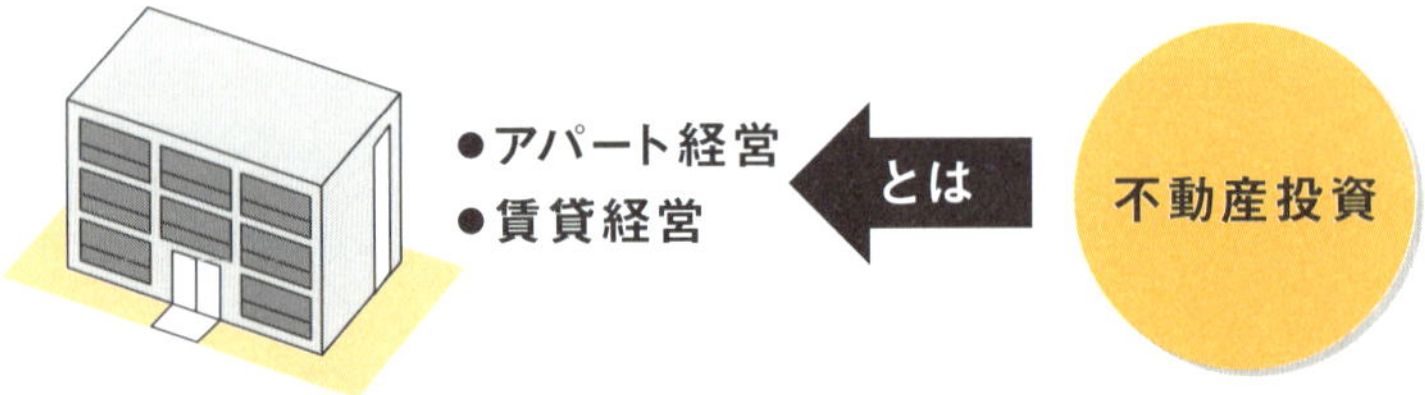

る賃貸経営・アパート経営です。よって、お金の動きや仕組みも、考える事も全く違うものなのです。（詳しくは、第3章「利回りのからくり」で説明します）

まず、株式投資をするのであれば、新聞やネットの経済記事を読み、世の中の経済情勢に目を光らせる必要があるでしょうし（当然皆さんも行っていると思います）、そうしなければ、いい株に巡り逢えず、また、良いタイミングで仕込めないからです。また、購入対象の企業の業績や事業なども注視しなければいけません。購入後は、毎日、株価チェックする必要もあるでしょう。

かたや不動産投資は、購入後にチェックするのは、月末に賃料が入ったかどうかだけです。興味があってマメに経済情勢などもチェック出来るに越した事は無いのですが、そんな事をしなくとも賃料が減るわけではないので、基本、経済情勢などに全く興味なくともOKなのです。要は、不動産投資は、いい物件にさえ巡り逢えれば、ある意味ほったらかしでいいのです。本業に全力投球したい、本業以外にあまり考える事をしたくない方にとっては、不動産投資は楽な投資なのです。

以後、具体的に二つの投資の違う点を説明します。

不動産価格の妥当性を判断出来る指標が無い

まず情報の公平性はどうでしょうか？　株式などの上場金融投資商品は、売買チャートが存在し、情報は誰にでも公平に取得する事が出来ます。当たり前ですが、同じ時間のトヨタの株は、誰が買っても同じ価格で買えるわけです。しかし、不動産投資は全く違います。購入時、一番大事な購入不動産の価格の妥当性を判断する指標的なものが存在しません。同じ1棟のマンション内にほぼ同じ広さのマンションの1室の売却物件があったとしても、向き、所在階数、リフォームの有無などによって価格はまちまちです。しかも向きが違うと価格は何%、階数が違うと価格は何%違うという指標はどこにもありません。よって、一般消費者は、不動産の広告などを基に価格の妥当性を推測する以外に方法が無いのです。

投資資金を銀行が用意してくれる

次に投資する資金についてはどうでしょう。株式や投資信託などに投資をする資金はすべて自己資金となりますが、不動産投資の場合は、その投資資金は銀行などの金融機関が融資をしてくれます。これは、不動産を購入する資金として融資をしてくれるからです。銀行が投資の元手になる資金を出してくれるという投資は、不動産投資以外にはありません。因みに、銀行に「株を買うからお金を貸してくれ!」と言ったら、どんなにその銀行に信用があろうと間違いなく断られるはずです。

目安として、不動産購入価格の1割2割の一定の自己資金を出しながら、残りを銀行融資で購入資金を調達するのが一般的ですが、数年前は、購入金額100%全額の資金を銀行が融資してくれていたケースもありました。これは自分にお金が無くても投資が出来るという事なわけで相続で財産を受け継いだわけでもなく、それほど高い収入でもなく、貯金もない人が、財産を作っていける、他にはない投資手法だったわけです。

即、換金化出来ないとても大きなリスク

次にリスクの違いを述べていきます。投資で、一番大切な事は、リスク管理をす

る事ですが、投資の一番のリスクとは、何でしょうか？　これは、自分が必要とするタイミングで現金化出来るかどうか？　という事です。その点、上場している金融投資であれば、現金化は問題ありません。上場しているという事は、マーケットがあるという事です。価格の上下はあれど、**売りたいときに売れる**わけです。**これが、投資では一番大事な事**なわけです。**しかし、不動産投資は、即現金化出来ません。**

所有不動産を売りに出すには、一般的に不動産会社に売却の依頼をする事になります。まず、査定をして、価格を決めて、販売用の図面などの資料を作って、広告などに掲載されます。そして、ここから、購入希望者が現れ、売買契約になります。ここまで、一般的に早くて2、3か月はかかるでしょう。しかも、売買契約を締結してから、買主の残金支払いまで待たねばなりません。なぜなら、その間に買主が銀行の融資を取り付けて、購入資金を調達するからです。この間が1か月～2か月ぐらいです。

こんな具合に、不動産投資は、即現金化出来ない点が他の金融投資商品と比べて大きなリスクとなるのです。例えば「親の介護をしていてお金が直ちに必要になる

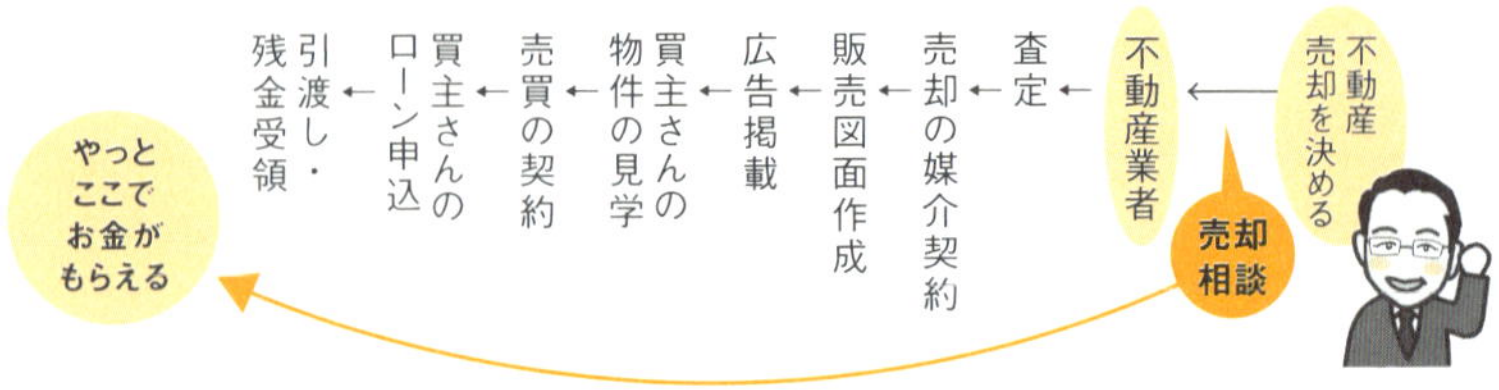

可能性が高い」とか「お子さんがまだ小さいので急な教育資金が必要になる」という人が、手持ちの自己資金を費やしてまで不動産投資をするのはリスクが高いといえます。

また、問題となるのは、高値掴みして買っていた場合です。いざ売る段階になったときに、銀行の融資の残額が売買価格を下回っていないと、売りたくとも売れません。売るなら、自分でお金を補填しないと売れないという事態になります（実は、悪質な業者から買わされた投資不動産は、このケースがほとんどです）。だから、よく調べもせず、安易に不動産を買ってはいけないのです。

買うにも売るにも桁違いのコスト

購入や売却のコストも大きく違います。金融投資は、証券会社に支払う手数料程度です。この手数料もネット証券であれば、ゼロのケースもあります。しかし、不動産投資では、比べ物にならない多くの諸経費がかかります。まず、多くの場合、不動産仲介業者を通しての購入でしょうから、不動産業者への仲介手数料がかかります。目安物件価格の3%（正式には違いますが）ですから、かなり高額です。そして、不動産は登記をするので、司法書士を通して登録免許税という登記費用がかかります。

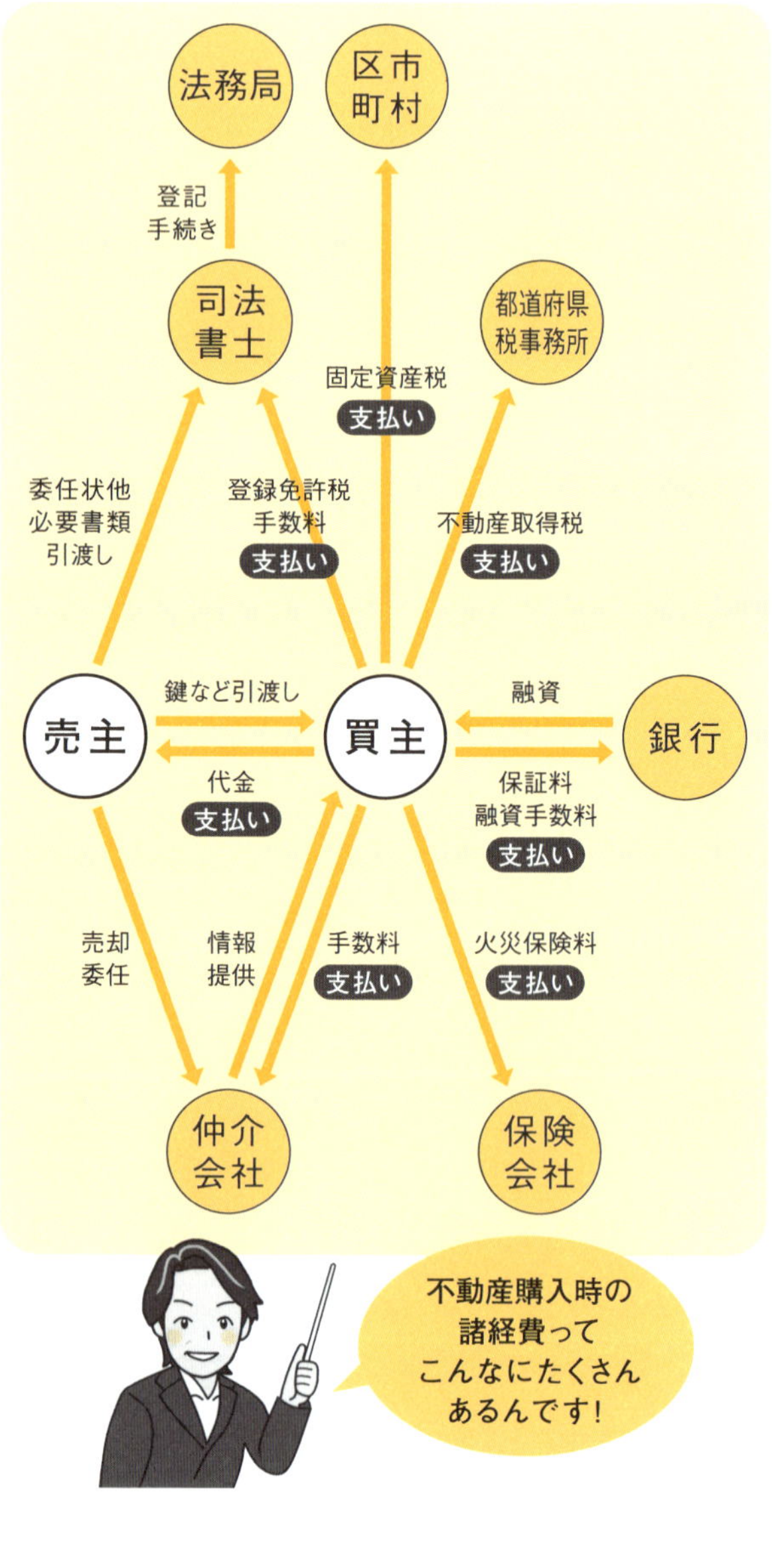

購入資金は銀行融資だと思いますので、保証料、融資手数料などを銀行に支払います。建物に火災保険をかけるはずですから、保険会社に保険料を支払います。また、不動産を購入した場合にかかる不動産取得税なるものが税金としてかかります。これらを合わせて、一般的な投資不動産であれば数百万円になるはずです。

利益に対する税金の控除が無い

金融投資については、NISA口座で売買出来るものであれば、売却金が発生しても税金減額のメリットがありますが、不動産投資についての収益は、NISA対象ではありません。よって、所得税の税額の減税はありません。また、不動産の毎年の収入は家賃収入なので、不動産所得として確定申告が必要になって、手間がかかります。

二つの投資を比較してみましたが、ざっと図にすると、次ページのようになります。

	株		不動産投資
知識	必要	<	特に必要なし
資金	必要 （100%自己資金）	<	銀行融資 （一部だけ自己資金）
情報の公平性	高い	>	低い
換金性	高い	>	低い
購入時経費	ほぼなし	>	あり （かなり高額）
売却時経費	ほぼなし	>	あり （かなり高額）
売却益税金	NISA枠は 一定額まで非課税 ※それ以外は20.315%	>	短期 39.63% 長期 20.315%

あなたは、不動産投資向きか？　株式投資向きか？

不動産投資は、難しい金融の知識は必要としない代わりに、いい不動産を購入出来るかどうかが成功の8割、9割を占めるといっても過言ではありません。ただ、投資にふさわしい優良な不動産は、インターネットなどでは探せず、不動産業者を頼りに探さねばなりません。経済誌を見るのも面倒くさいし、金融の知識もあまり頭に入っていかない、でも、不動産業者と連絡を取り続ける人付き合いは苦にならない、そういう方は、不動産投資が向いていると思います。

あと、不動産の仲介手数料をコストとみるか投資とみるかで考えてもいいかもしれません。不動産業者への仲介手数料って、高いと感じますよね。1億円の不動産購入なら約300万円です。これを無駄なコストだと考える方は、不動投資には向かないと思います。この高い3%の手数料を投資と考える方は、不動産投資向きと言えるでしょう。高い手数料を投資と考えられる方は、「3%払って、それ以上の収益を上げるものを得られた」もしくは「3%以上の仕事をしてもらおう」と考えられる方です。不動産業者に対して、気持ちよく手数料を払ってあげられますので、将来2件目を購入するときにも一生懸命、いい物件を探してきてくれます。

かたや、コストと考えれば、少しでも少ない方がいいに決まっていますから、手数料の値引き交渉をも考えたくなります。この値引き交渉をしたときに、相手は、「いい物件を持ってきてもこの人は、私の情報収集の手間も考えてくれないのか、それなら、他のお客様にこの情報を持っていこう」。そう思うに違いありません。結果、いい物件の情報を入手出来なくなります。コストカットが悪いというわけではありません。大切な、自分のお金ですから、コストを減らすのは当たり前の行為です。ただ、不動産の情報は、一般の方がインターネットなどから得られる情報には、ゼロではありませんが、お宝物件は無いのです。なので、不動産投資で成功したければ不動産業者とのお付き合いが欠かせません。

さて、このくらい二つの投資には隔たりがあるのです。もちろん、これは、100：0（百ゼロ）といったように、どちらかに偏っているものでもなく、投資家は、両方のいいところを上手くバランスをとって利益を上げているのですが、違いを解りやすく理解してもらうためにあえて述べてみました。

では、経済に興味を持てず、金融の勉強もしたくない、人付き合いも面倒だから不動産業者とも付き合えない、高い手数料も払いたくないなー、そう思っている方。あえて言わせてもらえば、投資するという事は、人よりお金を儲けようとしているわけです。自分が何もせず、誰かが自分のために利益を持ってきてくれるなんて事は、世の中ありませんよね。投資でお金を儲けたいなら、何かしらの努力は必要なのではないでしょうか。

不動産投資は、日本人のメンタリティと合っている

不動産投資は、賃貸経営・アパート経営と言いましたが、収益は家賃収入です。日本人は素晴らしい民族です。災害があっても、暴動などおきません。常に相手の事も考え、行動する民族です。そして、一般生活では、決めた事、約束は守らなければならないという考えに基づいて行動します。だから家賃も、しっかり支払い期日を守ります。もちろん、賃貸契約という契約ですから、家賃は決められた日までに支払わなければなりません。でも、商習慣が違う民族であれば、遅れても問題な

いだろうと考える方もいるのではないでしょうか？

皆が約束通りに家賃を払っている中で自分だけが遅れる、日本人的にはこれは、ばつが悪いわけです。私が所有してる不動産でも、家賃の遅れがありません。更に家賃については、とりっぱぐれが無いよう家賃を保証する会社のシステムがあり、仮に、借主さんの家賃が滞っても、滞納賃料を肩代わりして入金してくれる仕組みも整っているわけです。だから、賃料の入金をあまり心配する必要がないのです。そして借主さんは、大切に綺麗に賃貸物件に住んでくれています。入退去時に必要以上に修繕費がかさめば収支に影響するので、これも大事です。

全く商習慣が違う国であったら、賃貸経営が成り立つのだろうか？　と考えてみてください（結論は出ませんし、それを追求しても意味がありませんが）。

だからこそ、当たり前のように賃料が堅く毎月入ってくる日本での、賃貸経営である不動産投資は「堅い投資」だと私は考えているのですが、いかがでしょうか？

家賃保証

家賃が振り込まれていなかったとき、家賃保証会社が一時的に家賃を立て替える仕組み。昔は賃貸借契約では入居者に連帯保証人を立てるのが一般的だったが、最近は家賃保証会社への加入を必須にするものが増えている。

第2章

騙されるタイプと買ってはいけない物件

粗悪な不動産を買わされる仕組みが出来上がっている！

「不動産投資は数ある投資の中で確実でストレスが無い投資である」そして「最も日本人に向いている投資である」。という事を前章で述べました。しかしながら、失敗する人が後を絶ちません。なぜ、失敗してしまうのでしょうか？　それは、実は「失敗する物件を買わされる仕組みが出来上がっている」からなのです。

不動産販売会社がお客さんを見つける目的、つまり集客の手法として開催されるものに「不動産投資セミナー」があります。最後にアンケートと称し、購入意欲や年収や勤務先、家族構成などお客様のデータを取得します。

「参考資料として不動産情報の提供を希望しますか？」などの問いに、受講者は「勉強のために物件資料を見たい」と丸を付けるでしょう。この時点で、知識を付けるためだけにセミナーに参加したはずのあなたは、立派な買う気のある「不動産購入の見込み客」になるのです。

そして、セミナーの参加者リストをもとに不動産販売業者は、ＤＭ、メール、電話などで営業するわけです。でも、この程度は、相手も企業ですから、消費者の皆

さんも大目に見てあげてください。

今は少なくなりましたが、投資不動産の営業手法は以前は電話営業が主流でした。皆さん、「名簿・リスト」について、耳にした事はありませんか？ 実は、名簿を売買する「名簿販売業者」なるものが存在し、様々な方々の情報が実は、売買されているのです。名簿には卒業名簿や高額納税者などから、職業別の名簿、また、もっと詳細な「全国戸建て居住者200万件」「光通信利用者20万件」「会社経営者150万件」「アパート・マンション投資オーナー20万件」など、我々の想像を超えたリストが存在しているのです。要は、我々の過去の買い物したときのデータが、世の中で情報として売買されているというわけで、自分には関係ないという人の方が少ないのではないでしょうか。当然、そこには電話番号などもしっかり載っています。この個人情報の管理について厳しい時代に、電話番号までが露出している事自体信じられませんよね。

不動産販売業者は、このリストの中で、ターゲットになるであろう人にかたっぱしから営業電話をかけていくのです。

では一体どんな人が、不動産販売会社の営業マンのターゲットになるのでしょうか。

ずばり、「融資が通りやすい人」になります。

不動産投資では購入資金のほとんどは銀行の融資です。つまり「年収が高い」「職業や勤務先が安定している」人は、不動産業者のターゲットになりやすいわけです。職種でいうと「公務員」「上場企業社員」「一般企業社員」の順に営業ターゲットとなります。また、若くして収入が高い職に就き、お金を使う時間が無い人、例えば「パイロット」や「お医者さん」も格好のターゲットですね。

逆に、「低年収」「勤務先が安定してない」「自営業」などは、購入資金となる融資が通りづらいので、営業マンから見ればターゲットになりづらいのです。しかし、安心は出来ません。悪質な不動産業者は、書類を改ざんし、年収を多く見せかけたり、架空の勤務実績を作ったりと、消費者が考えもしないような手口で、粗悪な不動産を買わせている事例も多く見られますので。（書類改ざんの手口は第6章で述べています）

今、一番多い不動産詐欺は友人からの話

詐欺とは言い過ぎかもしれませんが、高値掴みさせられる不動産投資話で今一番多いのは、友人や会社の同僚や先輩からの話だという事をご存じでしょうか？

「10万円だけで、将来財産となるマンションが手に入る」

「そのマンションを貸して、毎月家賃収入が入ってくる、マンションの購入資金は銀行がすべて貸してくれるから、ノーリスク」

「仮に銀行の融資が通らなければ、契約が成立しない仮契約だから、とりあえずサインをしても大丈夫」

こんな、誘い話がきます。

せっかく声をかけてくれた友人を無下にする事は出来ないし、顔も立てて話を聞くだけならいいかと、人の良い方はそう思って「話だけは聞いてもいいよ」と返事をします。その瞬間から、あなたへのセールスが始まっています。

先ほどの紹介者の話は、決して嘘ではありませんが、正確に言えば、

「10万円だけで、マンションは買えるけど、将来の資産になるかどうかは、かな

り怪しい」

「家賃収入はあるけど、マンションを買うために借りた銀行のローン支払いもある、よって手元にお金が残らない」

「仮に銀行の融資が通らなければ、契約が成立しないからというけど、カードローン延滞などで俗にいうブラックになっていなければ、融資は通るはず。そして、不動産の購入は、先に契約書を交わし、もし、融資が通らなかったら、契約は白紙という文言を付けて契約するのが99％。これは、仮契約ではなく、れっきとした本契約、融資が通らなければ買わなくていいけど、通ったら必ず買わなくてはいけない」

こういう事なのです。

どうでしょう、こう言われたら、いくらお付き合いでも話を聞く事すら抵抗があるのではないでしょうか？　そして、紹介される物件は大半が、売れ残りの不良化する物件です。

ずばり、カモになる人の性格

性格が関係あるのか？　とお思いだと思いますが、間違いなくカモになりやすい人の「人柄」「性格」には傾向があります。

一番目は「相手の言うことを簡単に信じてしまう人」です。心理学で「ハロー効果」というのがあります。これは「マスコミの露出が多い人」「学者」など、権威や知名度がある人物が言う事は、つい正しいと思ってしまう心理のことです。同じ事を言っても、学者が語ると説得力が増しますよね。この心理の事です。多くのセミナーはこのハロー効果を上手く取り入れていて、参加者を食いつかせるためにちょっとした著名人に話をしてもらいます。また、最近は著名人でなく、自分達の身近な成功者であるサラリーマン投資家が話をする事も多いようです。「僕も最初はビビりながらでした。でも今では給料より副収入のほうが多い。本当にやってよかった！」と熱く語ったりするわけです。「自分達と変わらない人が成功している」「心強い」と思うでしょう？　でも、この登壇者が、販売会社の一味だったらどうでしょう。

販売会社と組んで、セミナー受講者が物件を買ってくれたらいくらかキックバックする、そんな仕組みだったら、見方が全く変わりますよね。裏取りせず、何でも鵜呑みにしてしまう、自分がそのタイプだなと思う方は、要注意です。

二番目は「断れない人」です。ネットワークビジネスの話などを持ち込まれて、断れない人はかなり危ない。相手は、百戦錬磨の営業マンです。あの手この手で、契約にもっていこうとします。「初めは皆不安です」、「今すぐ決めないと、せっかくの良い物件が無くなりますよ」。極め付きは「私の事信じられませんか？」。こう言われると断りづらいですよね。相手はそんな「人の良さ」につけ込んでくるのです。特にその投資話が、自分の友人や職場の先輩からだったりすれば、余計に断れないという事も、相手は折込済みです。もしも自分がこれに当てはまると思う人は、不動産販売業者と接する際にはかなり気をつけなければいけません。

そして、もう一つ。これは、性格という事ではありませんが、内容が解っていないのにすべてを任せてしまう人です。

株なら、いいのです。証券営業マンのセールスに乗って、何らかの株式を買った、失敗したと思ったら、即、売ればいいのです。でも、不動産投資はそう簡単にはいきません。いざとなったときに即売れないのは、お話ししたとおりです。

「解らないから、お任せします」。これは、クレジットカードを営業マンに渡してこのカードを好きに使ってくださいと言っているようなものなのです。こういう風に解りやすい例で言うと、そんな事はするわけないと皆さん思うはずですが、しかしいざ不動産取引になると、この「お任せします」という言葉を良く聞きます。解らないからあなたに任せた、ではなく、解らないのなら解るまで説明してもらってください。「いや、それは、相手に悪いよ」と思われた方、その相手を気づかう心に、悪質な営業マンは、つけ込んでくるという事をお忘れなく。

実は、凄いスピードで自分のお金が増える不動産投資

自己資金の他に、外部の資金を調達してお金が増えていく事をレバレッジ効果と言います。因みに正しい物件にさえ巡り逢えれば、自己資金が増えていくスピードは、レバレッジ効果があるので不動産投資は金融投資の比ではありません。

皆さんがよく誤解、錯覚しがちな点から解説したいと思います。不動産の利回りと株や投資信託などの金融投資の利回りを単純比較する事は難しく、分けて考える必要があります。なぜなら不動産投資では、ほとんどが銀行など金融機関の融資を元手に行うためです。本来は物件の購入資金のうち融資額を除く自己資金がどれだけ増えたか？を計算しなければ全く意味がないわけです。

例でいうと「利回り5％」「価格が1億円」の不動産を購入するために1000万円の自己資金を入れ、1年後、予定どおり5％の500万円の利益を得られたと仮定します（ここでは、諸経費や税金は無視して計算します）。では、この5％の利回りを投資信託と同じように考えて果たしてよいのでしょうか？

結論を先に言うと、違うのです。まず、5％の利回りの投資信託の場合、1000万円の資金を運用すれば、年間50万円の収益です。

しかし、利回り5％の不動産投資の場合は、利益は500万円です。自己資金は1000万円ですから、自分の持っているお金は、50％も増えています。自己資金の投資利回りにすれば、50％です。このように銀行の融資を受けて、不動産投資をすれば、元手のお金を10倍の速さで増やす事が出来るのです。（左図）

レバレッジ

レバレッジ（Leverage）は「てこの原理」という意味から来ており、信用取引や先物取引などの資産運用において、借入金などを利用して手元資金の何倍もの取引きを行い、投資効率を高めていく手法を指しています。

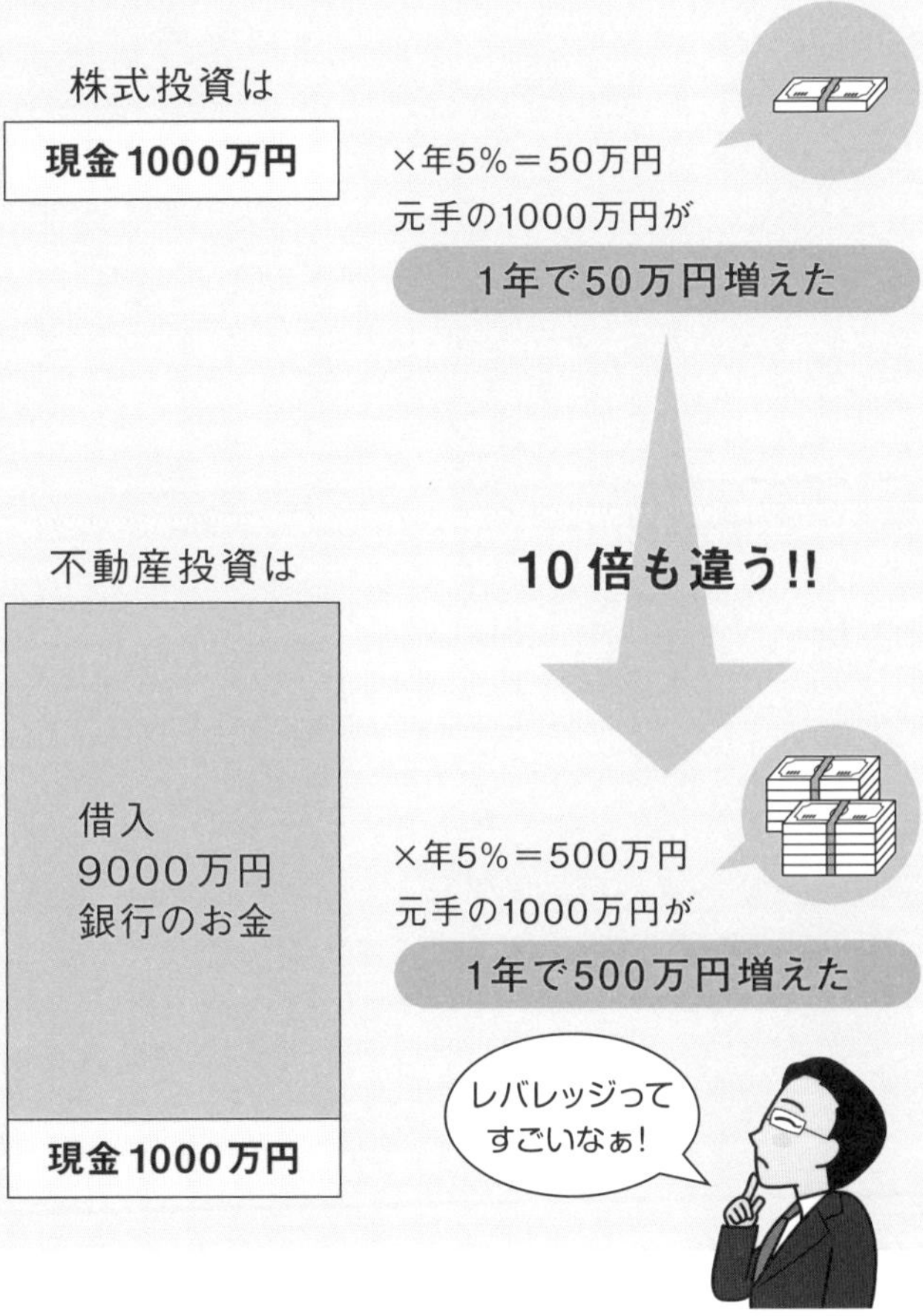

図を見てお解り頂けたと思いますが、単純に自分の資金がどれだけ増えたのか？この点で比較しなければ、本当の意味での収益性は図れないのと、銀行融資という他人のお財布を使える不動産投資の凄さを解って頂けたのではないでしょうか？

だから「金融機関から融資が出来る人」には、不動産投資をお勧めしたいのです。

ただ、そうは言っても、もし「儲からない物件」を買ったら、このお金が増えていくスピードをカバー出来ないくらいの損失を負ってしまうので、ご注意ください。

人口が減る日本で、不動産投資は今後も成り立つのか？

結論から言うと、たとえ人口が減っても不動産投資は大丈夫です。

日本全国で人口が減っているのは事実ですし、空き家も増えています。ニュースでそう言われると当然、心配になりますよね。しかも田舎へ行くほどアパートの空き家やテナント募集中の看板が目立って見えます。

しかし、冷静に考えてほしいのです。確かに人口は減少していきますが、いきなり20万人、30万人の都市が、人口1万人になるわけではありません。ゆっくりゆっ

くりと、人口は減っていきます。ゆくゆくは、そのエリアで不動産投資は成り立たなくなる時代がやってくるかもしれません。しかし、不動産投資が成り立たなくなる時期よりも、我々の寿命の方が先に来てしまうはずです（笑）。

国全体をマクロで考えるのは経済学者や政治家の仕事で、一般人、特に個人の不動産投資家は、このように空き家問題を過度に受け止めて考えなくても大丈夫なのです。もちろん、どんな物件でもいいというわけではありません。

今、あなたが不動産投資を考え、都心では予算がオーバーするので、都心部から電車で約1時間弱、最寄り駅から徒歩5分から10分のアパートを購入しようとしていたら、恐らく周りの人は、「都心部以外の不動産に投資すると将来空き部屋が出て回らなくなるよ」と親切心で言ってきます。

確かに、最寄り駅は都心に比べて乗降客数が少なく、魅力は薄いはずです。とはいえ、その街で暮らす人、家族は居ないのでしょうか？　もし住人がゼロなら投資は成り立ちません。しかし、その駅を使う人は一定数いて「アパートを必要としている人」は必ずいるはずです。その物件が4世帯向けなら4家族、8世帯向けなら8家族を探せばいいだけです。難しい事でしょうか？　適正な賃料なら、全然問題ないと思うのです。

当然、教科書的に考えれば立地は都心に近いほど良いに決まっています。ただ都心は利回りが低いし、予算的にも厳しいというケースがほとんどです。そんな状況でも発想を転換する事によって、十分不動産投資を成功させる事が可能なのです。確か他の人たちが尻込みするような物件なら尚更、底値で買えるかもしれません。確かに人口減少はリスク要因です。しかし「リスクがあるからやめる」前に、まずリスクを精査して、リスクを減らせる方法は無いかを考えて、やめるのはその後でも遅くありません。もし、他人が思いつかない方法を見つけられたら、それは凄く優良なお宝投資不動産になりうるのです。

個人投資家レベルの優良物件はなにも都心だけに眠っているわけではありません。先ほど述べた郊外の土地付きアパートなら、建物が老朽化しても土地が残ります。賃貸するだけ賃貸して将来ボロボロになったら土地として売ればいい。それで、手元に現金が残せるのです。

日本と東京は別モノである

日本と東京は全くの別モノです。それこそ、投資においては違う国と考えるべきと言っていいと思います。東京都心の不動産市場は今後も安定しており、地方はますます疲弊します。この流れは誰にも止められません。日本は政治経済が安定し、東京は世界の中でも皆が思う以上に投資対象として人気のある都市です。

投資をする方、している方は、ぜひ、東京都心（と投資マネーが流入してる都市）に、定期的に足を運んでその空気を感じてください。都心はこの時代に新駅が出来て、地下鉄の計画が進んでいるのです。この日本でそんな都市は、他にあるでしょうか？　駅前は、どこも再開発ラッシュで次々と大型のビルに変わっていきます。開発の投資マネーは何十兆円です。規模が桁違いで、数十年前からグローバル化によって不動産にも多額の投資ファンドマネーが海外から流入しています。ファンドだって儲かるから開発資金を入れるわけで、東京都心は魅力的な運用場所なのです。

また、お金だけではありません。東京は、『土地が生産される』のです。

土地が生産される東京都心の凄さ

土地が生産される？と聞いて思いつくのは、埋立地かもしれませんが、この話はちょっと違います。

もちろん、厳密には土地は生産出来ません。だから、一等地の土地は価値があり価格が上がるわけです。建築基準法という法律で、その土地には、どの程度の大きさの建物までを建てられるかを測る容積率というものがあります。

ベッドタウンの住宅用地では、80％、１００％、２００％というのが、一般的な容積率になります。これの意味は、１００㎡の土地を買ったら、建物を建てるときは容積率が80％のエリアは、80㎡以内で、１００％のエリアは、１００㎡以内で、２００％のエリアは、２００㎡以内で建物を建ててくださいという法律です。

なので、この容積率という数字が大きければ大きいほど、建物を建築出来る面積が上がります。建物を大きく作る事が出来れば、貸して賃料を得られる面積が増える事になるので、それだけ土地の投資価値が上がるわけです。

そして、東京の商業地の容積率は、５００％（なかには７００％、８００％のエ

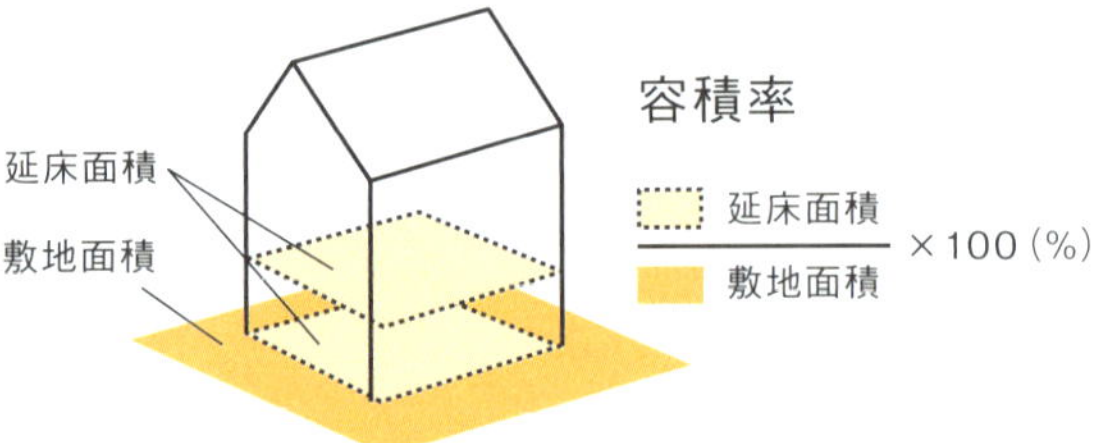

リアも）などになっているわけです。だから、価値があるのです。

ただでさえ土地のポテンシャルが高い東京の商業地ですが、実は更に都心の土地の資産価値を上げる方法があるのです。都心には一部の土地を除いてもう利用出来る土地がありません。しかし、**敷地が増えなくても、空中に活用出来る部分を増やせば投資の収益から見れば同じ事**です。具体的には、容積率の制限を緩和して、５００％の容積率のエリアを６００％にアップすれば、建物を建てられる面積が増える事になります。物理的には土地は増えませんが、平面でなく、立体で考えたときに、建物の面積が１００％増える事になるのです。先ほどの１００㎡住宅地の例で考えれば、土地が２倍増えたのと同じ効果があります。**これが、都心は土地が生産されるという事**なのです。

更に凄いのは、この容積率を、売買してしまうという裏技です（実は、これも、法律で定められているので裏でも何でもないのですが）。

空中権と言いますが、あるエリアの中で容積率を消化していない土地があった場合、その同じエリアの中で、その余った容積率を売買出来るようにするのです。買っ

100％が1倍って事だから、仮に200％の容積率のエリアは土地の広さの2倍の建物が建てられるっていう事。％（パーセント）を何倍に置き換えるとイメージしやすいです。

た方は、より大きな建物が建てられます。売った方は、売買したお金が入ってきます。有名な例が、ＪＲ東京駅です。この駅舎は、大正時代に建てられた国の重要文化財になっていて、簡単に駅舎を壊して駅ビルにして、その家賃を改修工事費に充てるというような方法が取れなかったわけです。そこで、この駅舎で有効に使われていない未消化分の容積率を売却したのです。それを新丸の内ビルディングなどに５００億円で売却したのです。新丸の内ビルは、そのおかげで予定より高い建物となり、ＪＲ東京駅は、改修費を得られ今の東京駅のたたずまいを残す事が出来た事例です。

　東京駅のあの美しさが維持されているのは、このような背景があったのです。このように、国や都も都市形成の一環で、街並みの保存も出来、国内外の投資マネーも呼び込みやすくなる、それによって、街が活性化し、税収も増えるという、皆の利害が一致する好循環が生まれています。

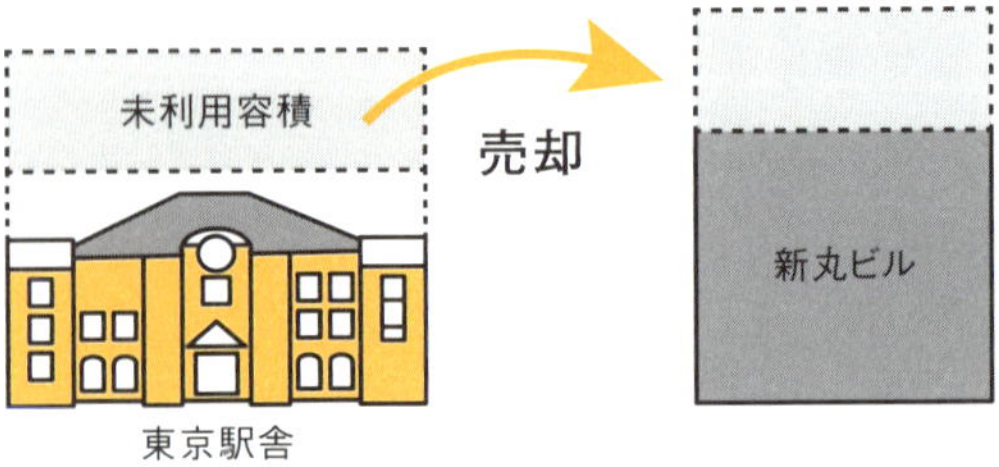

バブルではない

東京都心の地価をバブルだという方がいらっしゃいます。

バブルの定義が何かは置いておいて、地価が投機的に上がっていて根拠のない金額で取引されている、そういう意味でバブルだ、近々弾けて地価が大暴落する、そうおっしゃりたいのだと思います。

もちろん、地価がこれだけ右肩上がりに上がり続けているので、どこかでは調整局面は来るはずです。しかしながら、都心はバブルではありません。

昔のバブルでの地価上昇とは、地価が上がっていく中で、一般の個人の方が、今買わないと土地が買えなくなってしまうという心理になって、地価の異常なほどの上昇が起こったのです。そのときの日本のＧＤＰは世界ナンバー１で、余剰のお金で儲けたいという気持ちと相まって、いわば投機的な心理が株や土地に向かったわけで実体のない消費意欲というものでした。

しかしながら、現在の地価上昇には、根拠があります。

まず、都心を誰が何の目的で買っているのか？という事を知れば、納得頂ける

投資と投機の違い

投資は、運用という考え方で定期的な収益をベースに考えるもので、株式であればその企業を支える事も目的の一部ですが、投機は、短期的な儲けだけを目論んだものであり、価格変動が激しいものに資金を投入する事が多いです。

はずです。

不動産投資というのは、自国の通貨の金利と投資不動産の利回りの差（イールドギャップ）で、割高かどうかを決めるわけで、ご存じのとおり日本の金利は、世界の金利に比べればかなりの低金利で、その金利と不動産利回りの差（イールドギャップ）は、世界の他の都市に比べて大きく、東京はまだまだ魅力的な水準なわけです。

だから、これだけ東京都心に海外からの投資マネーが流入し、都心は開発ラッシュで古いビルがどんどん新しく建て直され、また、小さな雑居ビルが大型のビルに変わっていっているのです。

ここで、古い考えの人の中には、「これだけビルがたくさん供給されても借りる人がいない、だから、建設中のビルが完成して賃料が入らない事業者や貸主が大変な思いをする」とおっしゃる方もいます。空きビルが増えて、供給過多となって地価が下がるという理屈なのだと思います。これは、地方都市やベッドタウンの不動産では、正しいのでしょうが、都心では全く当てはまりません。

新しく開発された大型ビルのオーナーは誰なのでしょうか？　開発した事業者は、ファンドやリートに物件を売却していくのです。となると、オーナーはファン

イールドギャップ

投資運用する会社は、金利を払ってその投資の元手となる資金を調達しています。その調達したお金を儲かる（高利回りの）市場に投資します（不動産投資の利回りが良ければ不動産に投資されます）。その金利の差が、利益になるというわけです。

ドやリートです。要は個人投資家の投資マネー、仮に皆さんがリートを買っていた、また、不動産で運用をするファンドを買っていたのであれば、皆さんが大家なのです。

では、仮に不動産が暴落したらどうでしょうか？　その場合は、大家である皆さんの投資したお金が目減りするだけで、その事業者が困るわけでもなく、そのビルが安く売りに出てくるわけではないのです。

そして、その投資を支える大元は投資マネーという事になるのですが、マネタリーベース（簡単に言うと世の中に出回っているお金の量）は、この15年で約5倍にもなっているわけです。要はお金が余っているわけで、その運用先として不動産が選ばれ地価の下支えになっているのです。

このようにかつてのバブル時と今では、金融の仕組みも違えば投資家の層も違うのです。

それを理解すると投資の見方が変わってきます。

円安も相続税対策も、都心の不動産の追い風

次に、大型開発ではない不動産はどうでしょうか? 例えば湾岸エリアのタワーマンション。多くは、投資目的で購入されている事も多く価格が高騰しています。例えば海外の個人資産家であれば、この1、2年で急激な円安が起こっているため、東京の不動産価格は、かなり格安に映っています。仮にドル円相場が120円から150円になったと仮定した場合、約20%も安く日本の不動産を買う事が出来るのです。もともと、東京は、世界の都市の中でも安全性などから人気が高く、20%も安く買えるのはバーゲンセールと言っても過言ではありません。よって、海外の個人が東京の不動産を買っているのです。

一方、国内の資産家は「相続税の節税対策」のために不動産を購入するのですが、相続対策で所有すべき不動産は、10年後、20年後の土地の価値が落ちない物件が望ましいわけです。という理由から、やはり都心の不動産が買われるわけです。その結果、まず、中心部の都心5区と言われる地価が高騰します。それまで都心5区を購入していた層が、地価高騰により、予算オーバーで買えなくなり、その層は、今

度は都心5区の外側の不動産を求める事になります。そして今度は、都心5区の外の物件価格が値上がりしていきます。こうして東京23区、区外、隣接する埼玉・千葉へと地価上昇のサイクルが波及していくのです。そしてこれがここ約10年の地価上昇の構図です。

一方、地方にはこんな景気のいい話は全くありません。人口減少、少子高齢化などにより、一部の観光資源がある場所以外は、東京首都圏とそれ以外の地方との差は開くばかり。「日本と東京は全くの別モノ」という理由がここにあるのです。

人口が減っていく日本にあっても都心の通勤圏であれば、個人投資家が今後10年～20年間のあいだ不動産投資に見合う受け皿は十分にあるのです。

とはいえ、首都圏に不動産を買えば誰でも儲かるというものでもありません。では、どうやって、物件の目利き力を上げ、いい物件を探し出していくのか。それをこの後、説明していきます。

プロは絶対手を出さないけど、初級者はいい物と感じてしまう物件がある？

この見出しを見て、どうお感じになったでしょうか？　そうです、プロと初心者初級者の目利きには、大きな差があるのです。よって、これを押さえておけば、割高の不動産を掴まされるという事は無くなります。

不動産には、大きく分けて６つのランクがあります。

①即、転売も出来る最高の物件
②長期で投資するのに優良な物件
③それほど良くはないけど、損は出ないだろうという物件
④我々プロは手を出さないけど、初心者、初級者はいい物と感じてしまう物件
⑤損が見え隠れする物件
⑥確実に損する物件

⑤の損が見え隠れする物件と⑥の確実に損する物件は、プロでなくとも誰も購入などしません。逆に①の即、転売も出来る最高の物件や、②の長期で投資するのに優良な物件は、投資不動産を探している方には是非とも欲しい物件です。しかし、これらの情報は、なかなか手に入りません。となると、皆さんに紹介される物件は、③のそれほど良くはないだろうけど損は出ない物件か、④のプロは手を出さないけど、初心者、初級者は、いいものと感じてしまう物件が紹介される事になります。

そもそも、こういう考えをして不動産情報を見た事は無いでしょうし、特にプロは手を出さないけど初心者、初級者はいい物と感じてしまう物件、こういう物件がある事自体、ショッキングですよね。一般の消費者を騙す業者は、こういう物件を紹介してきます。

では、どういうものがこれにあたるのか？

まず皆さんは利回りは、当然チェックするわけですが、プロは、これだけでその不動産の価値を判断していません。不動産投資を成功させるには、こういうプロの判断する基準で、不動産を探す事なのです。これを一つ一つ述べていきます。

利回りしか見ないから騙される、投資不動産の判断の仕方

まず、同じ価格で同じ利回りの2つの不動産を比べてみます。どちらも価格は、1億円、利回り7％と仮定します。しかし、Aは、土地と建物の実勢評価が1億円、Bの実勢評価は、6000万円しかありません。言い換えれば、どちらも7％の投資物件だけど、Aは、1億円で売れるものを1億円で買った。しかし、Bは、6000万円でしか売れないものを1億円で買ったという事になります。

Bは買った瞬間から、4000万円の損をしている事になります。このBのケースが、プロは手を出さないけど初心者、初級者はいい物と勘違いする物件なのです。なので、不動産投資で失敗しないためには、購入する不動産が、いくらが適正なのか？　見きわめなければいけません。

株式投資をする方は、間違いなく株価のチャートを確認して、解らないながらも割安かどうかを考えて購入するはずです。この株価の確認が不動産投資では、その不動産の価値を計算する事なわけです。

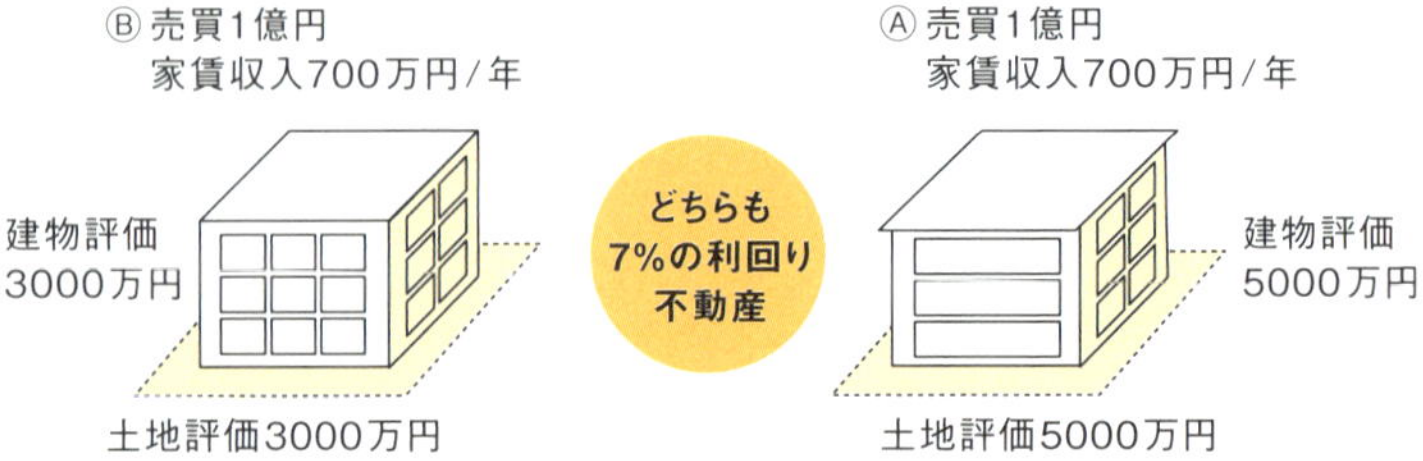

不動産投資を始めるときに、利回りしか確認しないのは、株価を見ずに株を買う人と同じ事なわけです。そんな人周りにいませんよね。

いくら高利回りでも、初めから4000万円の含み損を抱えている不動産投資は、株式投資でいえば、チャートのてっぺんで株を仕込んで、もう下落が続く株を買っているのと思じ事なのです。

物件それぞれの価値なんて、解らない、そうおっしゃる方もいらっしゃいます。でも、物件の資料には、所在地も土地の面積も建物の詳細も書いてあります。そのエリアの土地の価格は、不動産広告のスーモなどでも調べる事は出来ますし、建物だって、新築の価格はざっくりですが調べる事は出来ます。そこから、耐用年数で割り算すれば、大体の予測はつきますよね？　正確でなくともいいのです、要は、このように、利回りだけでなく、自身で物件の資産価値を考える事を繰り返し行ってほしいのです。結果、相場感というものが身についてくるはずなのです。

土地の価値5000万円、建物の価値5000万円、これを1億円で買う分には、何ら問題ありません。しかし、土地の価値3000万円、建物価値3000万円、これを、1億円で購入し、7%の高利回りだから いい物件を買えた、そう思っているのは、この事を知らない初心者という事なのです。

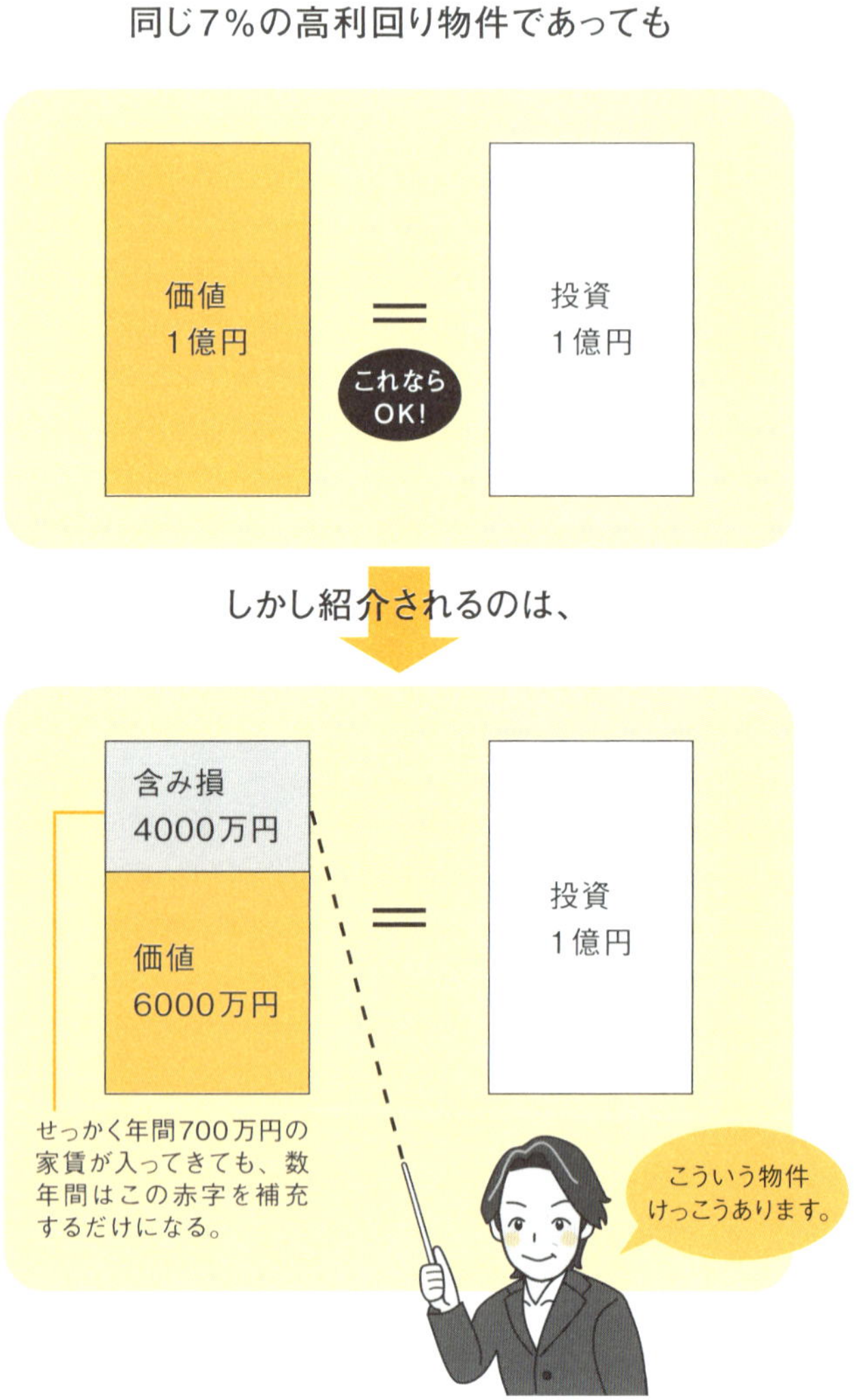

不動産投資で失敗しないための考え方は、「含み損を意識する」という事です。この含み損のある物件を投資初心者や初級者は、深く考えずに購入してしまうのです。プロはそこを一番初めに計算するので、利回りが高くても絶対に買いません。これが、プロは手を出さないけど、初級者はいい物と感じてしまう物件です。

投資初心者にいい情報が流れてこない理由

では、価格が割安とまでは言わなくとも適正な価格の物件はどこを探せば、あるのでしょうか？

まず、これも一般消費者が知らない事をお話します。

情報には、階層があるのです。

一般消費者が、不動産情報を探そうとするとまず頼るものは、不動産情報サイトです。住宅であれば、「スーモ」「ホームズ」など、投資不動産であれば、「楽待」「健美家」などです。マイホームを探すのであれば（他にそれ以上に有効な手段が無いので）これらの情報サイトは物件に巡り逢うツールとして最適ですし、掲載されてる物件をそのまま購入に至るケースもあるでしょう。ただ、投資不動産については、どうでしょうか？

物件の問い合わせをしてみたら、「成約済み」ではなく、「大丈夫です、まだ、残っています」こう言われて、ラッキーと思えるでしょうか？　このサイトには、全国で何百、何千の投資家がいい物件はないかと目を光らせているのです。プロも欲しがるいい投資物件であれば、すでに売れてしまっているか、少なくとも、現在商談中などになっているはずです。

その物件が売却依頼をされ、販売用の図面などが作られ、そこから広告掲載される、この期間のタイムラグがあるわけです。投資物件としていい物ならこの期間でとっくに決まっているわけです。なので、ここに掲載されている物件、もちろん全部とは言いませんが、プロはもちろん、ベテラン投資家が見ても買わない物件という事になるのです。

これが、一般消費者が目にする事が出来る1階層目の情報です。

次に、1階層目というからには、2階層目があります。それは、不動産会社のみが閲覧出来る情報ネットで、REINS（以下レインズ）というシステムです。

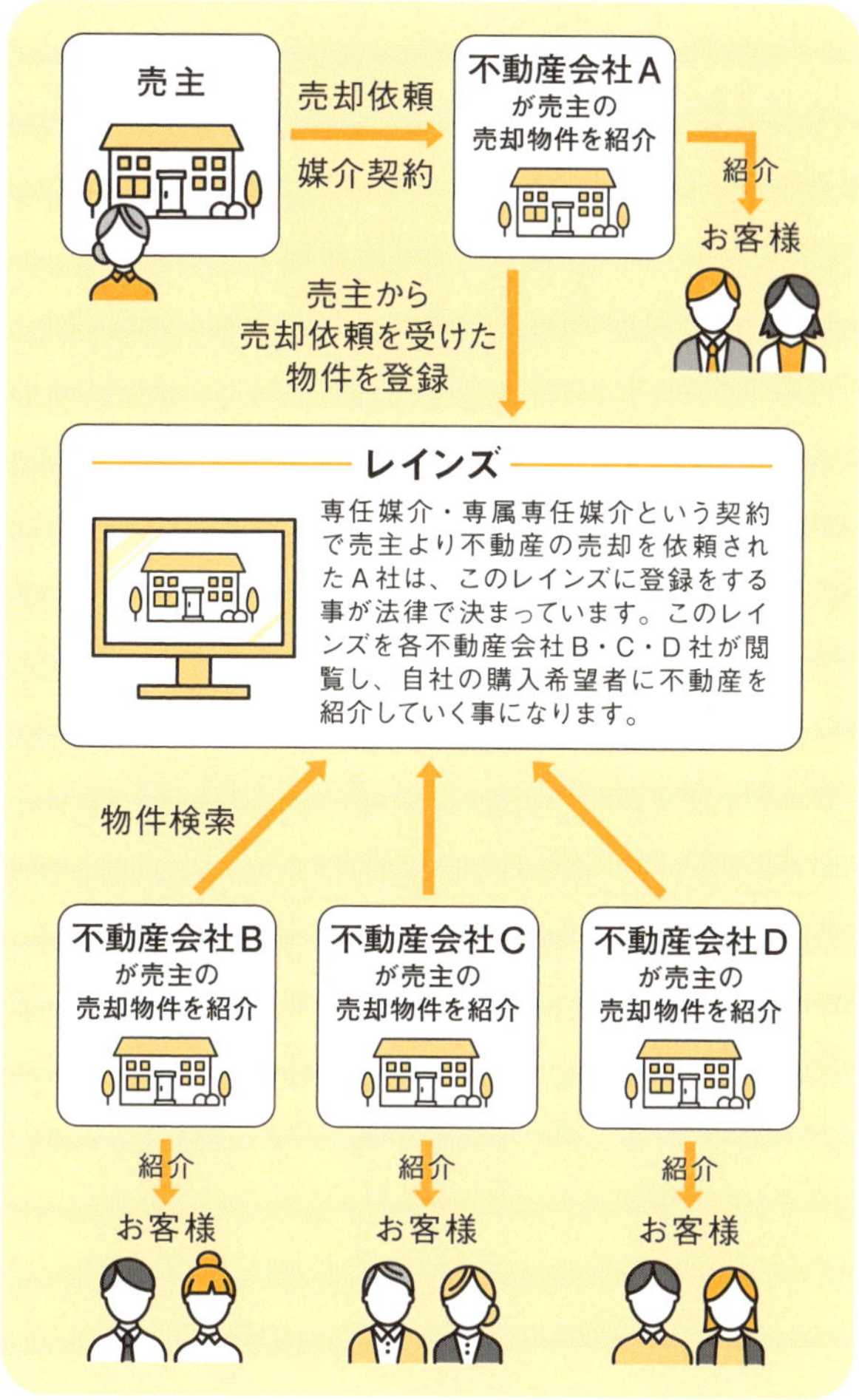

Real Estate Information Network System

この頭のアルファベットを並べて通称 REINS（レインズ）と呼ばれている。

不動産会社が物件の情報を交換するためのネットワークシステム。不動産会社が情報を登録・閲覧が出来る、不動産取引を円滑に行なううえのインフラ。ただ一般消費者は閲覧する事は出来ない。

このレインズは、一般消費者は見る事は出来ません。不動産業の免許を持った者しか閲覧出来ない仕組みになっています。このレインズは、宅地建物取引業法という法律に基づいて、不動産業者が売主から売却の委任を受けたとき、このレインズに数日のうちに、登録しなければならないというルールが決められています。なので、一部の情報を除いて、このレインズに不動産の売却情報が集まってきます。

当然、先ほどの1階層目の情報より、優良な物件が集まっているのです。

市場を想像して頂ければ解りやすいのではないでしょうか？　1階層目の広告サイトが、小売店やスーパーマーケットだとすれば、この2階層目は、市場なわけです。鮮魚なら、当然、スーパーマーケットより、この漁港に近い市場の方が、安くて鮮度の高いものが買えるわけです。

なので、まずは、このレインズ情報が欲しいですよね。とするならば、不動産業者といいお付き合いをしておく必要があるわけです。しかしながら、レインズにすべての売却情報が載ってるわけではありません。そもそも、レインズに登録しなくてもいいケースというのはあるのです。一例ですが、売主と仲介業者が何度も取引をしていて、媒介契約を結ばなくともすべて任せると一任されている場合などは、レインズに載せる必要などありません。そしてこれが、実はお宝物件である場合が多いのです。という事は、お宝物件は、広告サイトはもちろん、不動産業者間のネットシステムにすら掲載されないのです。これが、3階層目の情報という事になります。

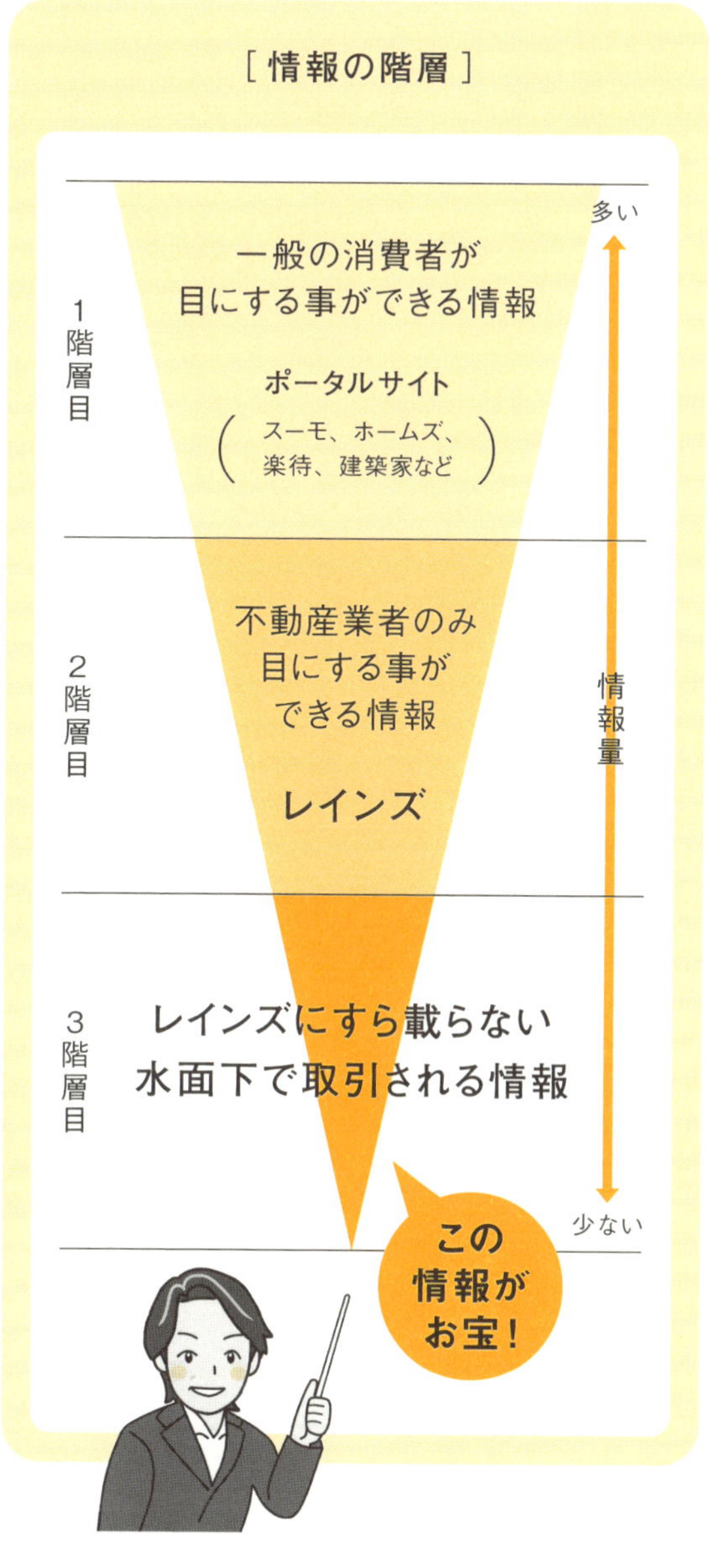

一般消費者がリサーチ出来る物件が1階層目、不動産業者のみリサーチ出来る物件が2階層目、そして、一般の不動産業者ですら知らない物件の情報が3階層目となり、この3階層目の情報をどれだけ握っているかが、不動産業者の価値であり、この層の物件を買わない限り、成功する不動産投資にはなりません。

次の節では、物件種別に投資初心者、初級者が勘違いしているポイントをお伝えします。

これは知らなかった！初級者がいいと感じてしまう物件とは

ここでは、不動産投資初級者が間違って理解しているものの例をいくつか解説します。

ワンルームマンション

えっ？ っといきなり驚かれた方が多いのではないでしょうか？ ワンルームマンションって、金額も不動産投資の中では小さいからか、不動産投資初級者の入門物件として最適！ といったイメージがあります。まずサイズの小さいワンルームマンション投資からスタートして、ゆくゆく投資額を大きくしていく。一見、正しそうに感じますが、そもそも、これが間違いなのです。ワンルームマンションは、不動産投資の入門物件ではありません。

ワンルームマンションのすべてが悪いとは言いませんが、今、販売会社がセールスしている低利のワンルームマンションは、ほとんど損する物件に入ると思います。弊社にもワンルームマンションの買取査定物件が業者経由で持ち込まれますが、ほとんど数字が合いません。例えば、２５００万円で持ち込まれる物件でも、買ってもいいと思える額はせいぜい１０００万円台中半だったりします。

ワンルームマンション投資がなぜ、ほとんど儲からないのか？ それはそもそもの利回りが低すぎるのです。利回りが低いという事は、ズバリ価格が高すぎるんです。

現金でワンルームマンションを買うのならともかく、利回り４％台では、間違いなく見合わないのです。私は５％でも収支が合わないと思います。そうは言っても、都心でそれを超える６％とか７％の物件なんて一般投資家のところには流れてきません。だからお勧め出来ないのです（第５章にてこの理由を解りやすく数字でシミュレーションしています）。

マンションの不動産投資を考えるなら、何もワンルームにこだわる必要などありません。むしろ、これからの時代、ファミリー向けの間取りの方が安定して賃料が取れるのではないでしょうか？　ファミリー向けなら、郊外だっていいわけです。

繰り返しますが、ワンルームマンション自体が投資に適さないわけではないのです。今の低利回り下でもワンルームマンションに投資してメリットがある人もいるのです。

それは、相続対策のために不動産購入をする人なのです。相続が発生したときには、控除もなく一番相続税が高くなるのは、現金です。それに比べ、不動産は、相続税の計算時の評価を３分の１、４分の１に出来るのです。これを利用した相続税の節税を考える方にとっては、メリットのある不動産なのです。

このようにすでに資産を築いている人とこれから投資を始めていく人では、投資

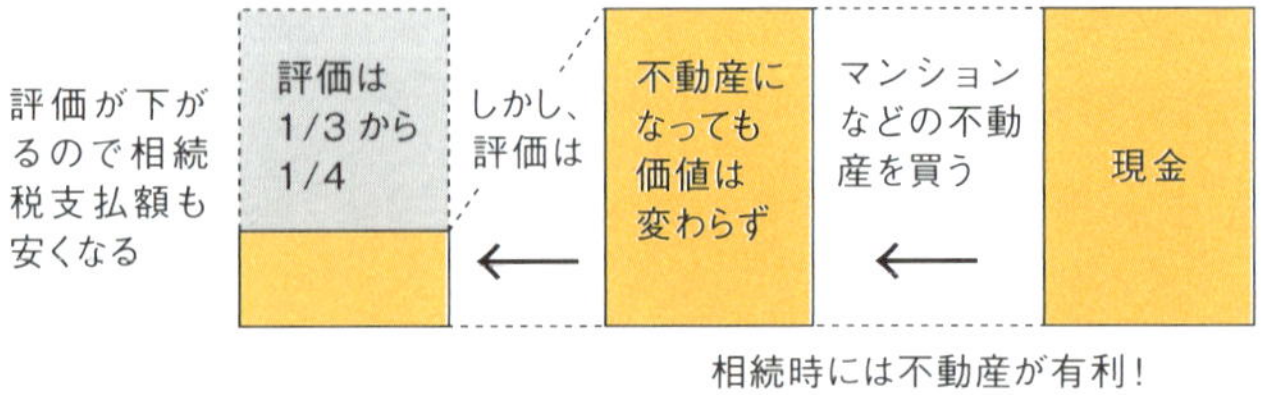
現金
マンションなどの不動産を買う
不動産になっても価値は変わらず
しかし、評価は
評価は1/3から1/4
評価が下がるので相続税支払額も安くなる
相続時には不動産が有利！

の考え方も違えば、不動産選びも違うのです。それを多くの方が知らず、同じスタンスで考えている事がそもそも間違いなのです。

不動産投資の話をしているとき、将来の夢が大きく膨らみます。また、普段、慣れていないお金の単位の話をしていて、高揚感が高まっています。そこで、営業マンから、売れてしまいますよ、他の方が興味を示していますよ、なんて言われると、このチャンスを逃してはいけない、そういう思いになると思います。

ただ、そこで、本当に数字で、利益になる事は計算しましたか？　CF（キャッシュフロー）は、プラスになる事は計算しましたか？　数字はウソをつきません。だから、冷静に計算してから決断してほしいのです。（この続きは第5章で）

シェアハウス

次に、シェアハウス。これも、要注意です。シェアハウスは高利回り物件である事が多いのですが、大きな問題点があるのです。

シェアハウスの問題点は、現場の管理をシェアハウスの運営会社に任せなければ

CF（キャッシュフロー）

事業をするうえでのお金の流れのこと。お金の出入りを計算した収支表。

ならない事です。中にはオーナー自身でシェアハウスの管理を行っている方もいますが、管理の手間が、普通のアパートの比ではなくもの凄く大変です。

週1回程度、自分の所有するシェアハウスに行って、トイレットペーパーとか、消耗品の補充をして、掃除して、ゴミ出しルールが守られているかなどをチェックしてなどなど、とにかく手間がかかります。更に、空き部屋が出たときの募集なども一般の賃貸物件とは扱いが違うので、時間がかかるしコツが必要です。

普通、管理はシェアハウスを専門に管理している管理会社に任せるわけですが、では、その会社が潰れたらどうなるでしょうか？　管理費を値上げされたらどうしますか？　値上げを拒否して逆に管理を断られたらどうしますか？

シェアハウスの管理は、一般的な不動産会社では出来ません。自分で行ける場所ならいいですが、その物件が遠方だったら、なかなか行けませんよね？　そういう事まで考えられているのであれば問題ありません。でも、ほとんどの方が、単なる利回りがいい物件というだけで投資してしまうのです。そして、万一のときに、そのリスクを身を持って体験する事になります。

不動産投資のいいところって、ほったらかしにしておける手間がかからないところなんですよね。株式投資は、毎日、株価を見て、経済情勢のニュースに神経をとがらせていなければいけません。それが要らないのが、不動産投資です。シェアハウスへの投資のリスクは、管理会社の良し悪しによって、その、手間がかからない不動産投資のいいところが、無くなってしまうという点なのです。

ベテラン投資家でもシェアハウスは、敬遠する方が多いのです。初級者は、避けておいた方が無難ではないでしょうか。

敷地延長（しきちえんちょう）アパート

ほかにも、初心者が誤解をする物件があります。皆さん、敷地延長の土地って言葉、知っていますか？ 分かりやすくいうと旗竿地のことです。言葉通り、旗のような形をしていて、間口が狭く、奥に大きな敷地が広がっている土地です。これをプロ専門の用語で敷地延長（しきちえんちょう）と言い、略して敷延（しきえん）と言っています。

大体、道路に接している間口は2mとか3mとかで、その細い通路を通って奥に

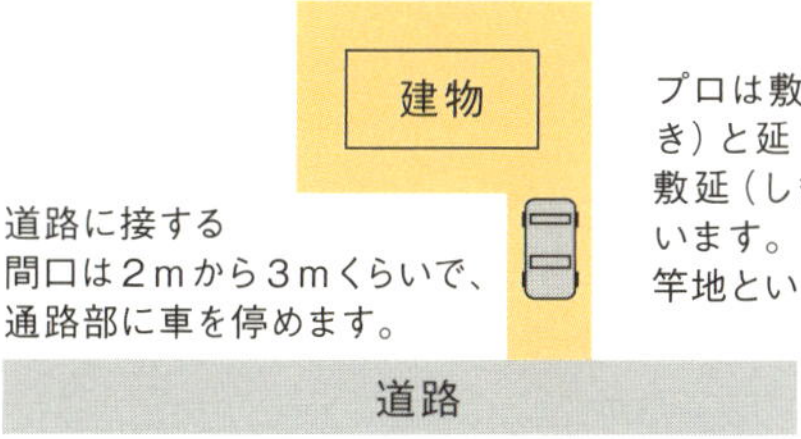

道路に接する
間口は2mから3mくらいで、
通路部に車を停めます。

プロは敷地延長の敷（しき）と延（えん）をとって、敷延（しきえん）と言っています。一般的に言う旗竿地というものです。

建物が建っています。その土地に今、アパートの建築販売会社、アパートの建売会社がこぞってアパートを建てて、投資家に販売しています。

皆さん、所有するなら、前面道路に広く面した土地と、今話している奥まった旗竿地どちらがいいですか？　同じ価格なら、奥まった土地は誰も選びません。だから、需要と供給の関係で旗竿地は安くなるのです。

今、東京近郊の不動産は高くなっています。アパートを建築して販売する事を生業としている不動産会社は、適正な価格で買える土地を探していますが、割高で土地が見つかりません。ただでさえ建物の建築費が高騰している現在、土地を安く仕入れないと利回りのいい投資物件は企画出来ないからです。そこで、土地価格が安い敷地延長のアパート物件を販売する事にしているのです。アパートの家賃は、前面道路面の部屋でも奥まった敷地のアパートでも、ワンルームや1ＤＫだったらさほど家賃は変わりません。そういったアパート建売業者が、旗竿地を買ってアパートを建てているのです。そして、投資家に販売します。利回りだけ見れば、適正でいい投資と感じるため、売れていくというからくりです。

一見、何も問題ないようですが、実は大ありなのです。新築のときは、問題ありません。この物件を一生所有し続けるお考えの方も問題ありません。しかし、買い替えをしようとか、売ろうとするときに、とても苦労します。アパートを建てる敷地ですから、通常の一般戸建の敷地よりちょっと広い敷地ですよね。

都心の戸建てなら狭小住宅が多く、13坪〜20坪くらいが、一般的な建売住宅の敷地面積です。さて、流石にアパートを建築する敷地となれば、それでは、小さすぎて、少なくとも40坪、50坪は欲しいわけです。仮に40坪の敷地で前面道路に建てられたアパートであるならば、将来建物が老朽化し、建物を解体して土地として売却するときに、2区画にも分ける事が出来るわけです。でも、旗竿地の奥まった土地では、同じ40坪でも分割が出来ません。

仮にそのエリアが坪単価250万円のエリアなら、土地は40坪で1億円です。2区に分割出来れば、1区画5000万円。これなら、一般の方のマイホーム用地としてギリギリ検討してもらえます。でもこの旗竿地は、それも出来ず、1億円の旗竿地として売り出さねばなりません。一般的な戸建てマイホーム用地としては予算オーバーで、少しだけお金持ちの方が対象の土地となります。さて、お金持ちさん

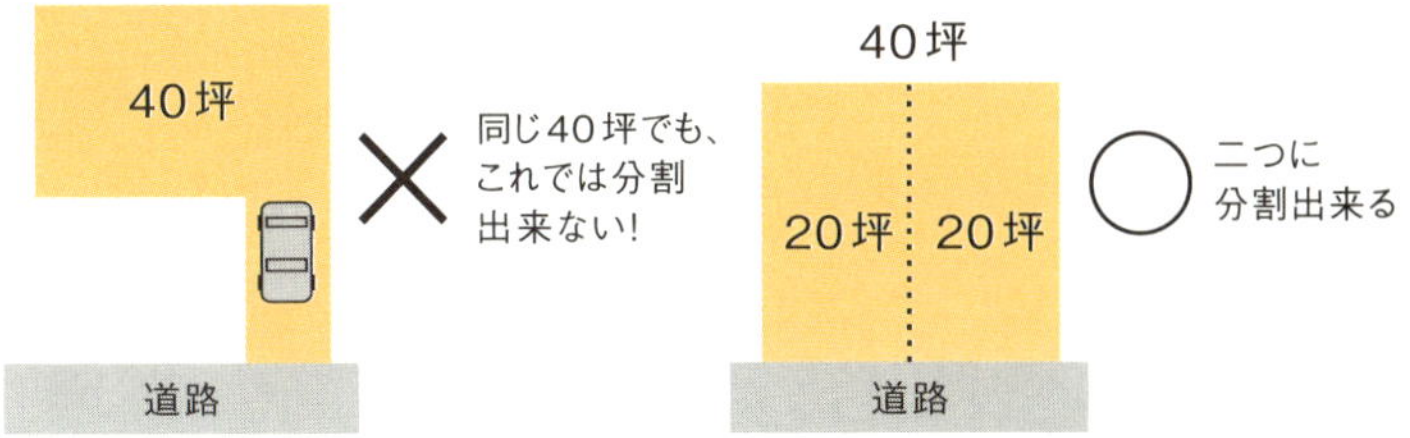

はその形の悪い、陽あたりの悪い旗竿地の土地を買うでしょうか？　予算がある方なら、もっとお金を出すから、いい物が買いたいと言います。となると、買うのは誰でしょうか？

不動産業者ですよね。当然相場も解っていて、足元を見るわけです。そして、かなりの格安の価格で売却しなければならなくなるのです。旗竿地の土地は、買うのも安いけど、売るときは予想を超えた格安の価格になってしまうのです。

不動産のリスクは、売却リスクです。業者は、皆それを解っています。でも、そのリスクを、誰も説明してくれません。キャリアの浅い営業マンなら、こういうリスクも知らず、この敷延アパートを本気で「利回りがいい投資不動産」として勧めてきます。

そして怖いのは、この敷延アパートが売れている、という事。でも、こういう物件を購入する投資家さんは、将来いい不動産に買い替えていこうと考えているわけです。だから10年もすると、結構、売却物件が出てくると思います。それが希望価格で売れればいいのですが、結構厳しい金額にしかならないでしょう。

なのでこの敷延アパート物件を買うなら価格が安くなるこのタイミングで買えば

いいのです。

プロもセミプロもこの敷延アパートはよっぽど安くなければ、買いません。でも、投資初心者は、それを知らず、利回りがいい物件と感じて飛びついてしまうわけです。

おさらいすると、ワンルームは、含み損。シェアハウスは、管理の手間。敷地延長アパートは、将来の売却価格、ざっくりいうとこれがそれぞれの一番のリスクという事になります。

不動産投資成功の秘訣は、利回りだけじゃなく、その「不動産の資産価値と将来の出口戦略（売却するイメージ）を考える事」なんです。

三為（さんため）物件（中間省略登記物件）

これは、ちょっと難しいのですが、ぜひ、覚えておいてください。

一般的な売買では、売主さんがいて、仲介業者が間に いて、買主に情報を提供してくれます。この売主も実は、今、別の方から、あなたに売却しようとしてる物件を買う契約をしたばかりの状態で、あなたに転売しようとしている状態です。解りづらいので、左の図を見てください。

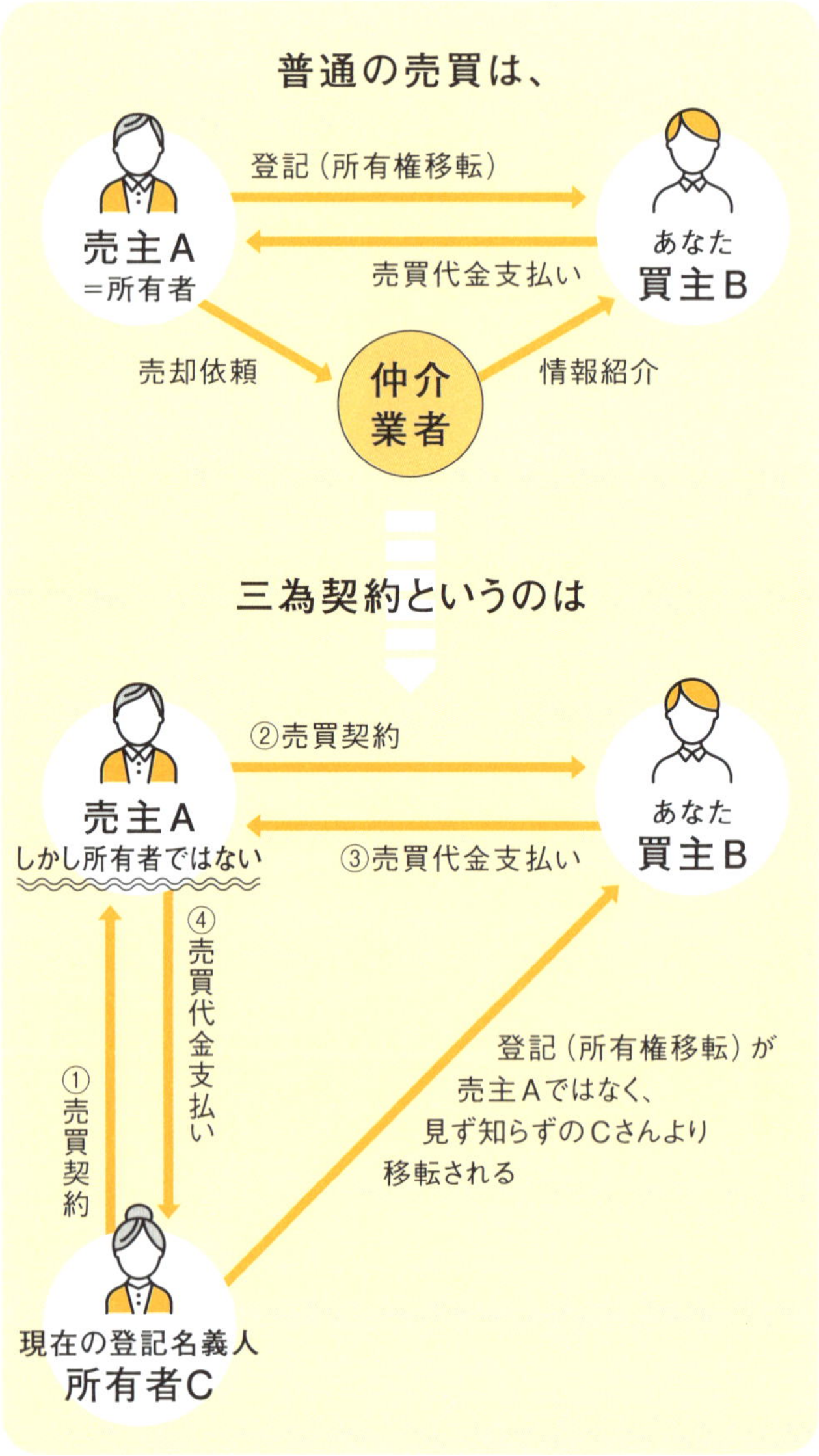

転売についていては、不動産業者ですから、利益を乗せて販売するのは当然ですし、なんら問題ないと思いますが、問題は、お金の流れと登記です。

あなたの売買代金は、当然、あなたの売主のAに支払います。ただ、登記は、元の所有者のCさんより、あなたに直接移転される事になるのです。これをAが本来一度、Aの自分名義にしてから、買主のあなたの名義にするところを、中間の売主であるAの名義を省略してしまう事から、中間省略登記という通称で言われています。

昔は、このように中間省略物件と言われていましたが、現在では、正確には、第三者の為の登記という名称になっていて、この第三者の為の中の文字を略して三為（さんため）と呼ばれています。この三為物件、法律的には、問題がありません。ただし、契約するときは、この説明が契約書に入っている事が必要です。

ただ、この契約方法を消費者が知識が無い事につけ込んで、利益を搾取する方法として利用している業者もいるのです。

実は、この三為契約、Aは自分のお金を使う事なく、ノーリスクで利益を得る事が出来るのです。一般的に売主となる不動産会社は、自分の資金か銀行の借入れをして、自己名義にしてから、不動産を販売します。自己資金を投下して、仮に売れなければ資金のリスクを負うわけです。また、借入れをしていれば、金利の負担も負います。資金のリスクを負いたくないという経営方針の会社は、仲介という情報提供のサービスで、手数料を得るわけです。仲介業者は、資金のリスクを負わないから、売主の売却の利益よりは少ない手数料を頂き、売主となった業者は、資金投下したリスクを取る代わりに手数料より大きい売却の利益を得るわけです。

この三為契約の売主業者は、売主でありながら、自己の資金を使って自分名義にはしません。資金は、買主であるあなたの資金で、まかなっているのです。これは、法的には全く問題ないのですが、こんな事が可能です。とりあえずAは元の所有者Cさんから買う話だけしておいて、買主であるあなたを見つけた段階でCさんとの不動産を購入する契約をすればいいわけです。ただ、これなら、本来は、Aは、仲介という立場でCさんと買主であるあなたとの仲介をすべきなはずです。では、なぜ、Aはこの三為契約をするのでしょうか？

資金は、あなたのお金、物件情報は、すでに元の所有者と契約済みとなれば、この事業は、ノーリスクです。答えは、あなたのお金を使ってノーリスクで仲介手数料以上の儲けが得られるからなのです。仲介であれば、元の所有者Cさんがもっと多くの売却利益を得られたか、買主であるあなたが、その不動産を安く購入出来たわけです。しかし三為契約のおかげで、得をしたのは売主業者Aのみです。

さて、大手の不動産会社がこの三為契約をして中間の売主になる事はあるのでしょうか？　結論としてありません。これは、ある意味元の所有者Cさんの利益を搾取する背信行為でもあり、社会的な責任を負っている会社では、許される事ではありません。

法律的に許されても、モラルとしていかがなものか、三為契約をする売主は、自分の利益の事しか考えられていないと宣言しているようなものと私は考えています。それを知ったうえで、取引をするかしないかをお決めになられたらいかがでしょうか？

前代未聞の投資詐欺「かぼちゃの馬車」

先ほどシェアハウスについて少し触れました。ここで、数年前に詐欺事件としてマスコミに取り上げられた「かぼちゃの馬車事件」について説明したいと思います。「かぼちゃの馬車」は、スマートデイズという会社がつくったシェアハウスのブランド名です。後に大きな詐欺事件の舞台となるのですが、ビジネス・スキームとしては当時、画期的かつ革新的なものでした。

その仕組みはこうです。まず、女性専用を謳ったシェアハウスを作ります。シェアハウスの借主は地方出身の若い女性たちです。彼女たちはみな、初めての都会暮らしに不安を抱いています。でもシェアハウスなら、リビングへ行けば同じ境遇の仲間たちがいます。家賃はひとりでマンションを借りるよりも安く、しかも家具付きで、即入居出来ます。

ここまでであれば、普通のシェアハウスと大差ないのですが、このビジネスが革新的だった点は、不動産賃貸と人材ビジネスを抱き合わせで販売したところにあります。実は、入居者である地方から都心に出てくる若い女性に仕事の斡旋も行っていたのです。

入居者からすれば「家賃が安い」「入居時の家具代などが節約出来る」「同じ境遇の仲間も出来る」、そして「仕事も紹介してくれる」という3拍子どころか4拍子もそろった夢のような住まいです。余談ですが、若い女性たちが都会へ出てきて、このシェアハウスから成功していく、いわば「シンデレラストーリー」を作るという意味で「かぼちゃの馬車」というネーミングになったようなのです。ここまでの発想は素晴らしいのですが、次に投資家目線でこの物件を見てみます。

実は、このかぼちゃの馬車シェアハウスの投資は、8%程度の利回りで、投資家からすると、物件の利回りが他の不動産投資と比べて2%くらい高いのです（実は、シェアハウスは、他の不動産に比べ利回りは高くなるように出来ています。その理由は第3章の、「利回りのからくり」の章で述べます）。

ちなみに、この「かぼちゃの馬車」の投資販売の手法もセミナーでした。本章の一番最初に、セミナーはお客様のためでなく、販売会社が購入者リストを集めるために開催される、と言ったのを思い出してください。

セミナーの中で、この物件が「高利回り」である事だけでなく、若い女性入居者の成功をお手伝いするという「社会貢献」も出来る事を謳います。まじめな皆さんは、「足長おじさん的な性質もある兼ね備えた投資です」、などと言われたらどうでしょう。「自分が儲けるだけでなく、社会貢献も出来る、なんて素晴らしい投資だ！」と感じるのではないでしょうか。セミナーを受講している高揚感も手伝って、簡単に契約となっていくわけです。

破綻への道

こんな素晴らしい話なのに、なぜ破綻してしまったのでしょうか？

答えは簡単です。シェアハウスのパイ、つまり需要が無かったからです。シェアハウス・ビジネス市場が、需給のバランスがとれた市場だったら、大きな問題にはならなかったはずです。不当な価格で売りつけられていたとしても、8％の利回りで確実に賃料が取れていれば、破綻には至らないと思います。

さて、シェアハウスはどのくらい世の中に需要があるのでしょうか？　シェアハウスは他人と共同生活をするという、賃貸のカテゴリーにおいては相当ニッチなマーケットです。それなのに、「かぼちゃの馬車」の物件数は約1000棟も供給されました。1000棟も満室に出来るほどの市場があるでしょうか？　単純な話、これが答えなのです。

どんな革新的なビジネスでも需要を超えて供給すれば、破綻を避けられません。事業者は、「かぼちゃの馬車」物件が売れた事で、入居者の需要以上にシェアハウスを大量に供給しました。その結果、空室が増えます。事業者のスマートデイズ社は空室の家賃保証をしていたため、空室分の家賃を払えなくなります。すると新規の投資家が支払った手付け金を家賃保証に充てる…。完全な自転車操業ですよね。最後は、当然破綻します。

ここで不可解な点があります。買うためには資金が必要ですよね。今回の事件が根深いといわれた理由に、物件を供給したスマートデイズ社だけではなく、いずれ焦げ付くと分かりながら融資し続けた融資元のスルガ銀行が、実は「グルだった（共謀していた）」という事実が判明したからです。ワンルームマンション投資とは違い、シェアハウスは土地と建物あわせて1棟丸ごとを所有するわけですから、物件価格＝投資の額は、間違いなく1件あたり軽く1億円を超えています。しかも、それを1人あたり2棟、3棟と複数買わされているわけです。購入者はごく普通のサラリーマン、常識的に考えれば、数億円の融資を次から次へと借りられるわけがないのです。

私のラジオ番組では、その被害者同盟の代表の冨谷さんに驚くべき手法で融資が実行されていった実態を直接お聞きしました。例えば「自己資金を実際よりも多く持っていると見せかけるために、本人名義の通帳を改ざんする」、「収入がより高く見えるように収入証明を改ざんする」など。これらの不正を、契約者本人の知らないところで銀行担当者が不動産業者と結託して行い、次々と融資を行なっていたのです。

銀行が認めた不正融資

これは、単なる投資の失敗ではなく、初めから銀行と事業者が結託した購入者の

スルガ銀行・スマートデイズ被害者同盟

被害者である冨谷皐介さんは自死まで考えるほど追い詰められながら、地道に他の被害者に呼びかけて同志を増やし、被害者同盟を結成。社会派弁護士との運命的な出会いもあり、結果、スルガ銀行に裁判をせずに債権放棄を勝ち取った。

お金を搾取する詐欺であったとして、スマートデイズ社とスルガ銀行を相手取り、投資家たちが被害者同盟を作って活動し、そしてマスコミにも大きく取り上げられました。被害者側は、所詮、素人。相手は、銀行。銀行を相手取って、勝てるわけはない、誰もがそう思っていた事件でした。しかし、被害者同盟のメンバーの強い思いが、前例のない結果を生む事になったのです。数年の時間は要しましたが、最終的には、代物弁済という方法で、債権放棄を勝ち取ったのです。解りやすく言えば、銀行が、不正を認め「担保に取った不動産を引き取らせてもらう代わりに、貸したお金は返さなくていい」と言ったのです。

私の記憶では、このような社会問題化した大きな詐欺事件で、銀行が非を認めたという話は聞いた事がありません。

これは、もっとニュースで取り上げられてもいい事件だと思います。銀行は、「貸したものは返す義務がある」という理屈をあくまで押し通し、徹頭徹尾まで自分たちが犯した間違いを絶対に認めない組織です。そんな彼らが「不正をした」という事実を認め、「自分たちがお客を騙して融資した」と白状したのです。考えたら、すごい事ですよね。この実話をもとに、半沢直樹クラスのテレビドラマも作れる

代物弁済

債務者が金銭債権を返済出来ないときに、代わりに特定の資産を債権者へ譲渡し、債務を消滅させる旨の契約。

んじゃないでしょうか？　こんな事は、この日本で「史上初の快挙」といっていい、それほどの大事件がここ数年前におこり、投資初心者であるごくごく普通の方々が被害に遭われたのです。

そして、この被害者同盟を率いた冨谷さんがどういう思いで銀行に挑んだのか？どのような手法で勝利を勝ち取ったのか？などが「かぼちゃの馬車事件・スルガ銀行シェアハウス詐欺の舞台裏」という書籍で赤裸々に書かれています。ぜひ、こちらも読んで頂きたいと思います。

これから、不動産投資を行おうと考えている方は、ぜひ、この事件を知り、不動産業者の事も銀行の事も鵜呑みにしてはいけない、鵜呑みにする事は、自分の家族をも路頭に迷わす行為だという事を、肝に銘じて気に留めておく必要があります。

実は、一番危ない家賃保証という名のサブリース

そして、一番皆さんが誤解をしてるのが、家賃保証です。不動産投資でオーナー

が一番懸念するのは、借主はいるのだろうか？　家賃は途切れず入ってくるのだろうか？という事です。

不動産の購入資金は金融機関で借りる事が多いでしょうから、この場合、毎月のローン返済が発生します。故に、毎月の返済が頭にあるので、その家賃を保証してもらえるという話に、心が動いてしまうのは、仕方ありません。

しかしながら、投資用物件で不動産業者が謳う家賃保証とは、家賃保証ではないのです。便宜上、家賃保証という言葉で語られますが、大概の場合は、購入したあなたの不動産を不動産業者が借りる賃貸借契約になるはずです。

本当の家賃保証であれば、あなたの不動産を一般の借主さんに借りてもらい、万が一、借主さんが家賃を払わなかったら、借主に変わって家賃を払う。正確に言えば、これが正しい家賃保証です。

すでに、同じ額の家賃が入るのだから、結果は一緒じゃないか、そう思った方は間違いなく騙されます。

これは、同じどころか、１８０度違う意味をもつのです。

契約書を理解出来ない消費者を騙す項目の数々

この家賃保証（?）の仕組みを説明すると、まず、オーナーであるあなたの不動産を不動産会社に貸します。しかし、不動産会社も社員寮などの自己使用で使うわけではなく、又貸しして、オーナーに払う賃料を回収します。これをサブリースと言います。ですから、賃貸契約書には、このように又貸し「サブリース」をするという文言が入っています。

さて、あなたの不動産を不動産会社が借りて、それを、第三者の一般の方が借りてお住まいになっているわけです。このときの権利関係で一番強いのは住んでいる第三者、次に不動産業社、一番弱いのはあなたという順です。そしてこのサブリース契約に付随して、こんな一文が入っている場合すら私は目にしています。

「甲（賃貸人）は、契約期間中、乙（賃借人）の同意なく賃貸契約を解除する事、目的物を譲渡する事が出来ないものとします」

この文面は、あなたの所有している不動産にも関わらず、借主の不動産業者の許可なく、売る事は出来ない、という内容です。おかしいですよね？ 皆さんが契約

サブリース

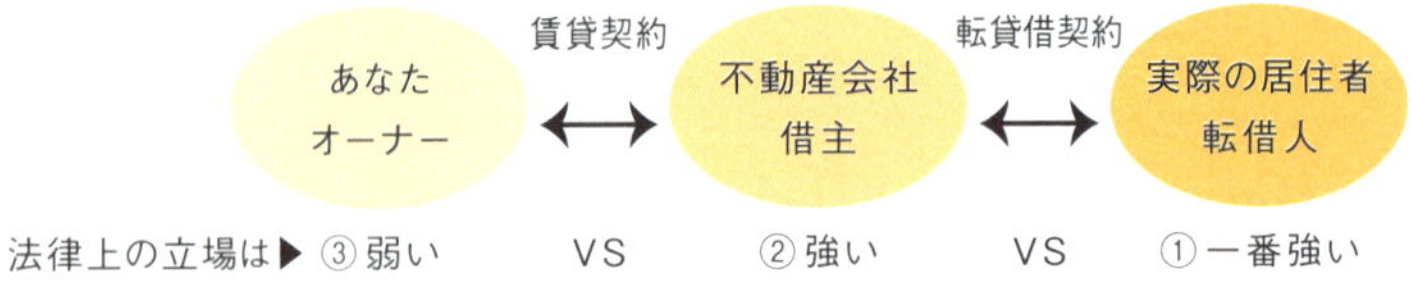

書をよく読まない、また契約書の内容を理解していないのをいい事にこんな契約になっている事が、サブリース契約の場合、普通にあるのです。

あなたは、家賃が入ってこない事を防ぐ保険を買ったつもりです。しかし、家賃は入ってきますが、それ以上の、リスクを負う羽目になったのです。これが、不動産投資、特にワンルーム投資の家賃保証です。美味しくない物件を買わされた上に、自分の意思で自分の不動産を売る事も出来ず、何かあっても賃貸契約の解除すら出来ない。

こんな一方的な事が許されるのでしょうか？　残念ながら、現在の法律では許されてしまうのです。

名ばかりの消費者保護法??

消費者保護法なる法律をお聞きになった事があると思います。

これは、プロは情報や知識の量が多く、一般消費者は知識が少ない、だからプロが一般消費者にものを売るときは、情報量が少ない消費者を保護しましょう、守りましょうという法律です。あなたが、ワンルームマンションを購入するときには、宅地建物取引業法とともにこの消費者保護法で守られています。

さて、その購入した物件を、家賃を得るために賃貸に出すわけです。しかしあなたは、消費者保護法で守られる事はありません。もうあなたは、消費者ではないからです。

代わって、ここから適用される法律は、借地借家法という法律になります。一般的な概念は、立場が弱い借主さんを保護しようというのが法律の考え方です。よって、契約の内容は、貸主に有利な事は、許されず、借主に有利な事は、貸主が承諾していれば何でもＯＫです。さて、オーナーのあなたは、一般の方、不動産の借主は不動産会社、いわばプロです。

この借地借家法では、情報弱者であるけどオーナーのあなたに有利な契約はアウトで、借主になったプロの不動産会社に有利な内容はＯＫという事なのです。おかしいですよね？

しかし、これが、現在の日本の法律なのです。

現在の借地借家法では

86ページの例に出した契約内容であった場合、あなたが買った不動産は、借主の不動産会社の許可なく売る事は出来ず、賃貸契約解除も出来ません。あまりにも不条理な契約内容ですが、すべて合法になっているのです。

これを読んで、「解らないからお任せします！」という考えがいかに危険な事かお解り頂けたと思います。

第3章

利回りのからくり

ここでは詳しく「利回り」について説明します。

さて、この利回り、そもそも不動産投資の利回りは、あらかじめ「操作されている」可能性がある事を、皆さん知っているでしょうか？　利回りは「作れる」「作られている」のです。次にその実態をお伝えします。

悪質業者が使う満室詐欺

悪質な事例に「満室詐欺」とも呼ばれる手法があります。空き部屋投資物件には、一定期間だけ他人の名義を借り満室稼働しているように見せかけるのです。

実際には6部屋しか入居者がいない、全部で10室のアパート。これだと販売スピードに支障が出てしまいます。そこで、知り合い4人に頼んで架空の賃貸契約を依頼します。これで形の上では満室。家賃も6部屋分でなく10部屋分だから利回りも跳ね上がります。この形のまま売り出して、そしてもし売れたら、1、2か月後に賃貸契約を解約してしまうのです。

これは悪質な商法ですが、人が住んでない事くらい現地に行けば分かりそうなも

全くの投資初心者さんのために一応説明すると、利回りとは、投資額に対してどれだけ利益が生めたのか？というものなので、年間収入÷投資額という計算式で求めます。不動産投資の場合は、年間家賃収入÷物件の価格という事になります。

のですよね。しかしからくりがあるのです。

賃貸契約された部屋は基本的に内見が不可能ですから、外から確認するしかありません。だから、詐欺で不動産を売ろうとする業者は、カーテンを付けたり、窓際にぬいぐるみや小物、本などを置いて生活感を演出するのです。当然、融資する側の銀行の担当者も現地を視察するわけですが、銀行すらまんまと騙されてしまうのです。百歩譲ってその物件が、入居者待ちの魅力的な物件ならいいのですが、大概は騙さなければ誰も入居したがらないほど酷い物件なのです。

つまり、入居者が「入りたい！」と思う物件は常に満室になり、なかなか決まらない物件は残念ながらそのまま。

不動産投資で成功する秘訣は、常に満室になるお宝物件を買う事なのです。

利回りには3種類ある

そもそも一口に利回りと言っても「表面利回り」「現況利回り」「ＮＯＩ（Net Operating Income）利回り」の三つがあります。検討している物件の利回りが、それのどれに該当するのか把握しておく事が大切です。不動産投資の初心者が不動産投資で失敗する場合、ほとんどの人がこの事すら知りません。

まず、「表面利回り」とは「満室想定で計算された利回り」の事。あくまで想定です。次に「現況利回り」。これは「現在の入金賃料で計算された利回り」を指します。ここでは空き部屋はカウントされません。つまり、満室でない限り、表面利回りと現況利回りの数字に乖離が出ます。利回りを現況利回りで話している分にはいいのですが、多くの投資不動産の物件パンフレットは表面利回りが謳われているはずです。

8室のアパートの例で説明すると、8室すべて埋まっていれば「表面利回り=現況利回り」です。しかしもし、6室しか埋まっていなかったら、表面利回りと現況利回りは違ってきます。この場合、物件資料には、6室の平均賃料を計算し、1室の平均を割り出し、あと2室分を足した、8室が満室になった時の想定賃料が掲載されています。

ここで考えるべき事は、時期と空き部屋の内装状態です。残り2室がすぐ決まればいいのですが、現実は、そんなに甘くはありません。賃貸の場合、12月から3月

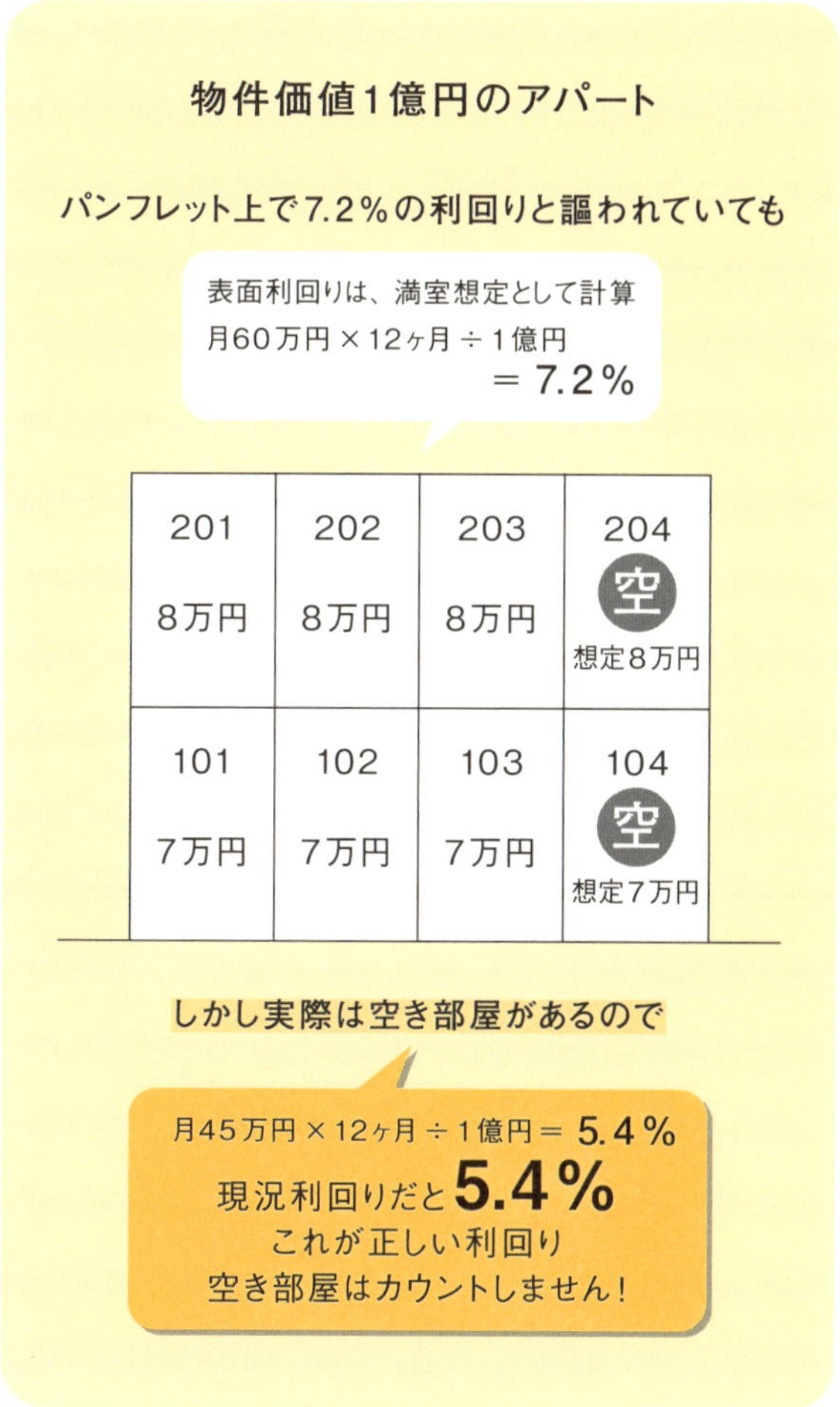

までが人が移動するシーズンです。その時期に入退去が増えるのは容易に想像出来ますが、それ以外の時期だったらどうでしょうか。その物件が駅からも遠く、部屋もたいして魅力無いなんて場合、入居者は、すぐ決まるものでしょうか？

しかも、リフォームが必要だった場合なら、借主をすぐに募集する事さえ出来ないわけです。加えてコスト面。もし修繕工事費が1部屋につき100万円程度必要であれば、購入後にさらに200万円がかかる計算になります。つまり本来、200万円安く買わないと同じ収益にならない物件だったわけで当初想定していた利回りと大きく違ってきてしまいます。

「NOI利回り」こそ、正しい利回り

リフォーム費用だけではありません。忘れてはいけないのが固定資産税や火災保険、さらに区分マンションなら管理費や修繕積立金など毎月の出費が発生するのです。手取りを考えたとき、これらは家賃収入から差し引かれなければなりません。これら諸経費を家賃収入から差し引いて利回り計算されたものを「NOI（エヌオーI

アイ）利回り」と言います。**実は、これが本来の利回り**なのです。だから**プロは、この「NOI」で試算**します。

一例で価格が2000万円、家賃が8万円のワンルームマンション投資のパンフレットには表面利回り4・8％の物件と謳われています。しかし毎月の管理費、修繕積立金が1万円、1年間でかかる固定資産税、火災保険を月割りにして1万5000円の出費と計算すると、実際の家賃収入は5万5000円になります。

5万5000円×12か月で、年間の実質家賃収入が約66万円。すると本当の利回り＝「NOI」は3・3％。果たして魅力的な物件でしょうか？

また不動産投資の利回りとは年間の稼働率が100％＝1年365日ずっと満室という想定で算出されています。しかし、実際は借主さんが会社の都合で転勤したり、結婚してもっと広いところに引っ越す事になったりというように、数年経てば退去はごく当たり前におこる事です。とすると、その時点で稼働率は100％でなくなります。先程「実質的には3・3％の利回り」という計算が成立したわけですが、もし借主が退去したら、即座に部屋をクリーニングして、募集をしたとしても1、2か月くらいはかかるでしょう。

［NOI利回りとは］

NOI（Net Operating Income）＝家賃－経費（管理費、修繕積立金、火災保険料、借入れ金利　などの事）

もし2か月間も空室となれば、その間の賃料は0円になるので、その年の利回りは2・7％まで下がってしまいます。更にその物件が「特徴のないどこにでもあるワンルーム物件」だとしたら、この空き部屋になっている期間はもっと延びるかもしれません。もっと延びるという事は、更に利回りが低下するという事です。

ワンルームマンションは一体誰のためのものか？を知ると不動産投資が解ってくる

賃貸専用ワンルームマンションは「一体誰のために」建てられるのでしょうか？独身の若者が住むため？と言いたいところですが、違うのです。

単身者向け物件の供給が足りず、それを解消する目的で建築されるわけではなく、単に「オーナーと建築会社の都合」がその理由なのです。これからそれについてお話しします。

都内でアパートやマンション建築にふさわしい敷地があったと仮定します。それを建設会社の営業マンが土地の所有者を調べ、賃貸アパートやマンションの建築の提案をします。土地というのは、更地の固定資産税が一番高く、賃貸住宅などを建てる事によって固定資産税の軽減があります。土地所有者がもし、税金もバカにならないし、その土地を使って何かしようと考えていたタイミングであれば、建設会社の提案に沿ってその土地にはアパートやマンションが建設されていきます。その際、建築会社から真っ先に提案されるのは、ほぼ間違いなく「単身者向けワンルームの間取り」です。それは「近隣エリアでワンルーム物件が不足しており、需要と供給のバランスを考えてワンルームの間取りがベストだから」という理由ではありません。

実は賃料というのは、部屋の広さ、面積に比例していない事が多いのです。例えば、面積40㎡の1LDK物件と、20㎡のワンルームとを比較してみましょう。単純に面積だけをみると、40㎡の物件は20㎡の物件の倍です。とするなら家賃は倍になるはずです。しかし実際はそうなりません。ワンルームの間取りの方が割高なのです。仮にワンルームの賃料が1LDKのそれに比べて約3分の2だったとすれば、ワンルームの方が30%強も賃料を高く取れる事になります。割高とはつまり、オーナーにすれば賃料収入がより多いという事です。間取りだけで言えば、ワンルームマンションの家賃収入が最も高く、次いで1LDK、2LDKという順になるのです。

当然、建築会社側も高い収益を上げられるプランを出さないと土地所有者から建築受注する事が出来ません。マンションのオーナー側もボランティアではないので、収益が低いものより、稼げる建物の方がいいに決まっています。つまりワンルームの間取りが互いにウィンウィンとなるのです。既に飽和状態にもかかわらず、これだけ大量にワンルームマンションが建設され、それでもまだワンルーム物件が供給され続けるのはこうしたオーナーが少しでも収益をあげられるためという、背景があるのです。

しかしながら、地価が上がり続ける事でワンルームマンションの数も、投資利回りもすでに頭打ちです。ワンルームマンションでは、不動産投資の商品として魅力が薄い状況になったわけです。こうなると事業者側にとって、それに変わる商品、利回りが高く、賃料収入が高い商品が必要になって、そこで登場したのが「シェアハウス」です。

しかし、「ただでさえ狭いワンルームの部屋をさらに狭くするなんて出来ない」と思うでしょう。実は、出来るのです。ワンルームマンションから、トイレや洗面所を省いてしまえば良いのです。それらは共用スペースとして、住人みんなで使え

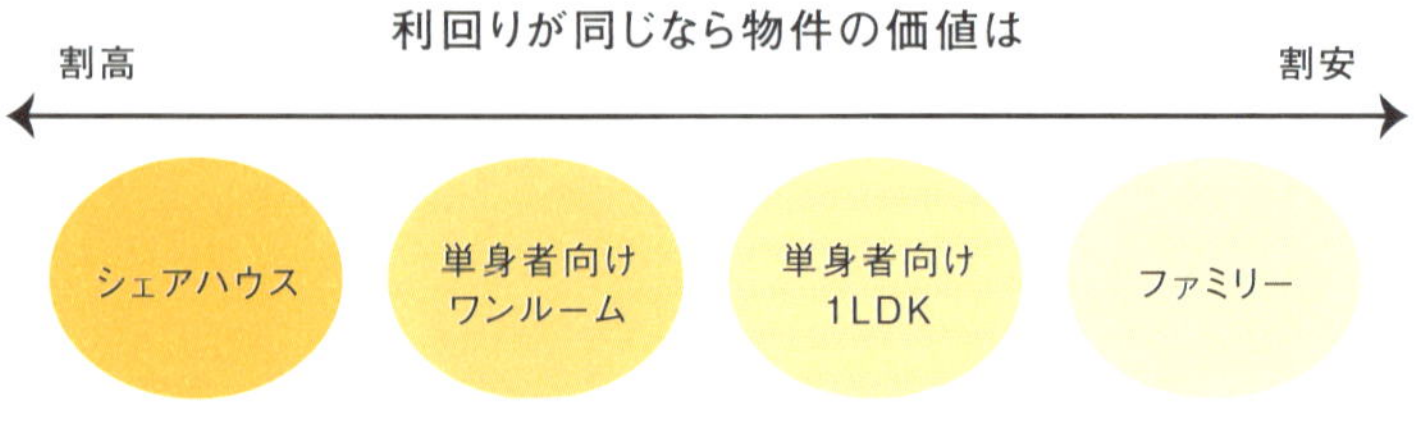

ばいい。そうすればワンルームマンションより効率がいい、収益性が高い賃貸住宅が出来上がるわけです。これがシェアハウスです。というわけで、シェアハウスが高利回りであることは至極当たり前の事なのです。ですから、利回りが同じ「シェアハウス」「ワンルーム」「1LDK」「ファミリータイプの2LDK」物件がもしもあったら、割高な順番は、「シェアハウス」「ワンルーム」「1LDK」「ファミリータイプ」の順になります。

これも投資初心者が知らない利回りと間取りの関係です。

利回りだけではない不動産の価値

投資初心者は、利回りに今まで述べたようなからくりがある事を知りません。表面的な利回りだけを見て判断しています。

次は物件の価値についてお話しします。同じエリアで構造も建物の築年数も同じ程度の投資不動産があるとします。一方は、利回り「5・5%」の物件、もう一方は、「5%」の物件ではどちらがいい物件でしょうか？　当然「5・5%」の方ですよね。

しかしそれは、物件の資産価値が同じである場合です。不動産は二つと同じ物は無いわけで、これが、価値を正確な金額に置き換える事がしづらい点であるのですが、そもそも土地部分の資産価値が物件それぞれで異なるのです。それを考慮した場合、「利回りが高い方がいい物件である」とは一概には言えないのです。

同じ価格の二つの投資不動産を比べてみます。Aは、建物面積が大きく、土地が小さい。Bは、建物面積が小さく土地が広いという違いがある場合は資産価値をどう評価すればいいでしょうか？　Aは、家賃を多くとれる建物が大きいわけで、利回りが上がります。Bは、家賃収入は低いですが、土地が大きく資産価値が高いと言えます。さて、投資を考えているあなたは、どちらの物件が魅力的に感じるでしょうか？　当然、利回りが高いAになるはずです。

ではここで、経年後の比較をしてみましょう。購入当初はAを選ぶわけですが、10年、20年、30年後の価値をみるとどうでしょう。建物というものは必ず古くなります。同じ年数が経過した築古の賃貸住宅が2棟。一つは狭い土地、もう一つは広い土地に建っています。さて今度は、どちらを購入したいですか？　これは広い土地の物件になると思います。それは建物が古くなって価値がない、それなら土地が

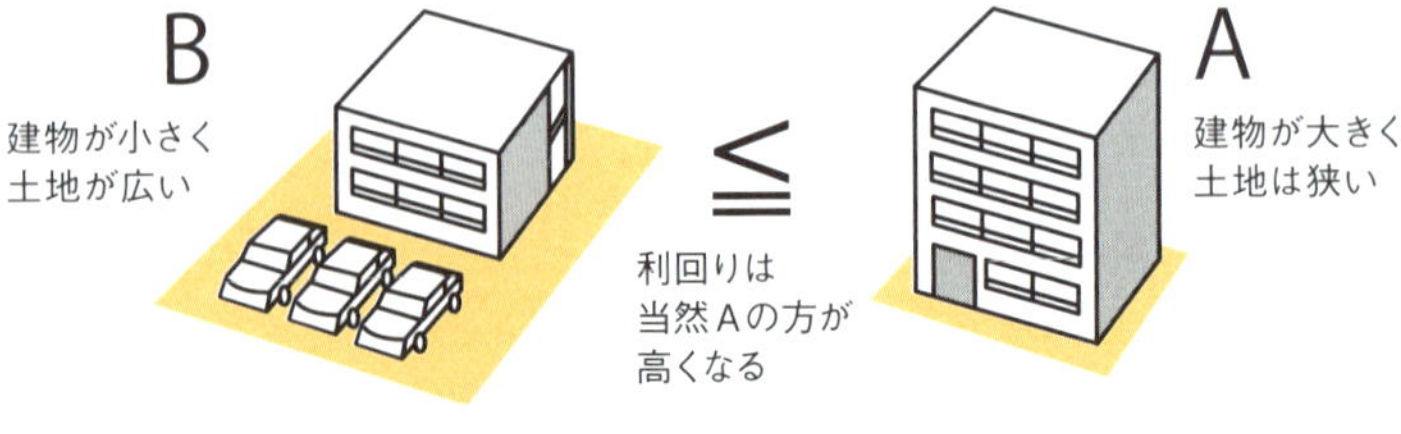
B
建物が小さく
土地が広い
≦
利回りは
当然Aの方が
高くなる
A
建物が大きく
土地は狭い

広いほうが価値が高いと直感的に感じるからです。

目先の節税が目的なら減価償却費（詳しくは136ページで説明します）が大きい方がいいので総額における建物割合が高い方がいいでしょうし、逆に、ゆくゆく子供に残していくためなど長いスパンで不動産投資を考えた場合は、土地の割合が多い方が、いいかもしれません。このように、投資する方全員に正解となる答えは無く、それぞれの方の考え次第で選ぶべき不動産は変わるものなのです。このように、物事を多面的に考える事が投資を成功に導く秘訣でもあります。

投資初心者が知識不足なのは仕方ありません。お付き合いしている不動産営業マンの方の知識が豊富であればいいのです。しかし残念な事に、肝心の営業マンが、こうした不動産の価値の考え方を全く解っていない事が多いのです。

土地の評価を知る事で、資産価値が測れる

皆さんが、不動産の情報サイトを見て、同じエリアなのに、なぜ、土地の価格にバラツキがあるんだろうか？　という疑問をお持ちになられた方もいらっしゃると

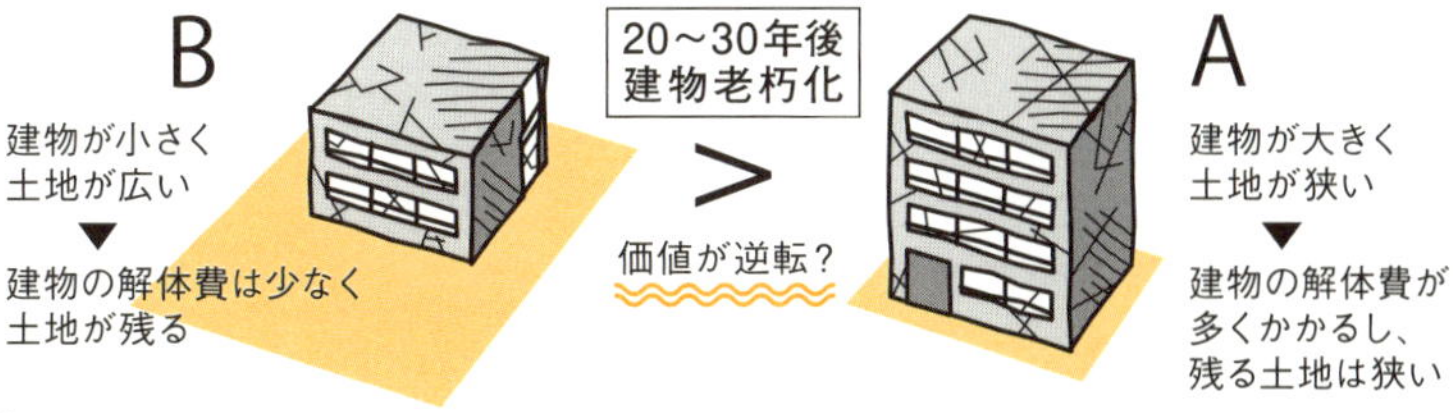
B
建物が小さく
土地が広い
▼
建物の解体費は少なく
土地が残る
20～30年後
建物老朽化
＞
価値が逆転？
A
建物が大きく
土地が狭い
▼
建物の解体費が
多くかかるし、
残る土地は狭い

思います。

土地の形でまず価格は大きく変わるという事はすでに前章の敷地延長アパート（69ページ）の章で述べたのでお解り頂いていると思います。でも、最寄駅からの距離も変わらず、地形も悪くないし、同じ面積なのに価格が大きく違っている物件も多数あります。

実は、これから説明する事を理解すると、将来の資産価値が落ちない（落ちづらい）土地を購入できるヒントが得られます。区分マンションを購入する方は、あまり関係ないと思いますが、アパートなどの土地の資産価値も考えなければいけない不動産をお考えの方は、知識として頭に入れておいてください（これは、マンション販売専業の不動産会社の方は、知らない知識だと思います）。

まず、土地には、都市計画法で、用途地域というものが定められています。大きく分けて住居系地域、商業系地域、工業系地域です。商業系の地域は、駅前の繁華街やビルが建ち並ぶエリアで、工業系地域は、工場などが建ち並ぶエリアの事です。

ここでは住居系の地域の一例をお話して、土地の価値を測る考え方をお伝えします。

用途地域

用途地域制度は、市街地環境の形成や、都市における住居、商業、工業などの適正な配置による機能的な都市活動の確保を目的として、建築物の用途や容積率、建ぺい率、高さなどを規制・誘導する制度。まちづくりに秩序を与える大切な役割を果たしている。

次ページへ

第一種低層住居専用地域

低層住宅のための地域。小規模な店や事務所をかねた住宅、小中学校などが建てられる。

第二種低層住居専用地域

主に低層住宅のための地域。小中学校などのほか、150㎡以内の一定の店などが建てられる。

第一種中高層住居専用地域

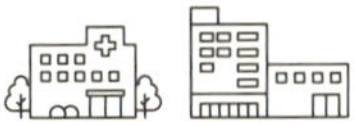

中高層住宅のための地域。病院、大学、500㎡までの一定の店などが建てられる。

第二種中高層住居専用地域

主に中高層住宅のための地域。病院、大学などのほか、1500㎡までの一定の店や事務所など必要な利便施設が建てられる。

第一種住居地域

住居の環境を守るための地域。3000㎡までの店舗、事務所、ホテルなどは建てられる。

第二種住居地域

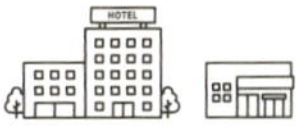

主に住居の環境を守るための地域。店舗、事務所、ホテル、カラオケボックスなども建てられる。

準住居地域

道路の沿道などにおいて、自動車関連施設などの立地と、住居の環境を調和させ、保護するための地域。

田園住居地域

農業と調和した低層住宅の環境を守るための地域。住宅に加え農産物の直売所や教育・公共施設などが建てられる。

近隣商業地域

まわりの住民が日用品の買い物などをするための地域。住宅や店舗のほかに、小規模な工場も建てられる。

商業地域

銀行、映画館、飲食店、百貨店などが集まる地域。住宅や小規模な工場も建てられる。

準工業地域

主に軽工業の工場やサービス施設などが立地する地域。危険性、環境悪化が大きい工場のほかは、ほとんど建てられる。

工業地域

どんな工場も建てられる地域。住宅や店は建てられるが、学校、病院、ホテルなどは建てられない。

工業専用地域

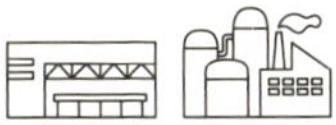

工場のための地域。どんな工場も建てられるが、住宅、店、学校、病院、ホテルなどは建てられない。

●特別用途地区

用途地域内の一定の地区において、地域の特性を活かした土地利用の増進、環境の保護などを図るため、基本となる用途を補完して定める地区。また、用途地域による建築物の用途制限について、制限を加重する事などによって特別な地区の目的を果たそうとするものであり、制限の内容は市の条例によって定める事になる。

前ページの左の一番上の第一種低層住居専用地域を例にあげて話をしていきます。ここは、「低層住宅に係る良好な住居の環境を保護するため定める地域」と定義されていて、イメージとしてお住まいになるのに一番快適な環境のエリアを考えて頂ければ良いと思います。

法律の条文にすると堅苦しいのですが、解りやすく言えば「皆さんがマイホームを建てる事を考え、お隣さんとの建物の間隔をあけましょう」とか、「敷地にたくさん庭を作りましょう」とか、「お隣さんにも陽あたりや通風を確保するような建物にしましょう」などといった事を考慮して、建築の制限がかかっているエリアなわけです。

これを聞いて誰もがとても住環境が良い土地を想像されると思います。実際、第一種低層住居専用地域は、法律の趣旨どおり住宅地としてとても良好なエリアです。

さて、良好な住宅地の概念を具体的な法律での規制に置き換えるとこうなります。

「皆さんがマイホームを建てる事を考え、お隣さんとの建物の間隔をあけましょう」という事は、隣地からの建物の壁を1Mとか1・5Mとか離して建築をする規制に

［第一種低層住居専用地域の建築制限］

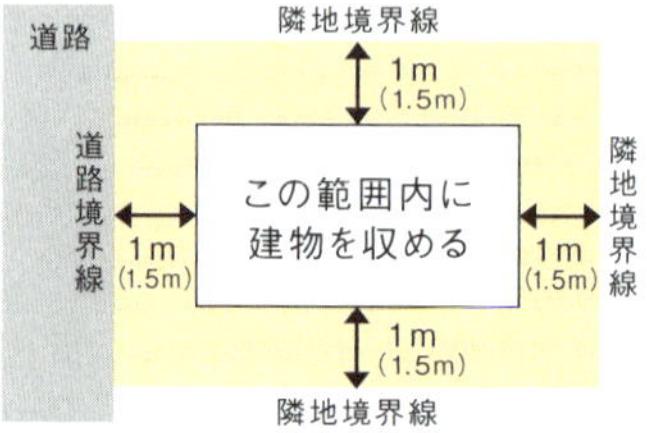

なります。「敷地にたくさん庭を作りましょう」という事は、敷地に対して建物の建築出来る部分を少なくする制限が必要です。「お隣さんにも陽あたりや通風を確保するような建物にしましょう」という事は、例えば建物は2階建てまでなどに規制をしましょうなど、裏を返せば、建築する建物に色々規制を設けるという事になります。これが、建ぺい率、容積率の制限になるわけです。

具体的に第一種低層住居専用地域は、建ぺい率50％、容積率80％～100％のエリアが多く見受けられます。これは、建物を敷地面積の50％の範囲で建てて（敷地の半分に家を建てて残り半分は庭や駐車場やお隣との間の通路などになります）、建物の床面積は、80％～100％以内で建ててくださいという規制になります。

良好な住宅地がそれによって維持出来るわけですから、法律での制限は意味のある事なわけですが、これが投資不動産の価値としては、とても大きなマイナスの面となってしまうのです。

不動産投資の一番大切な事は、いかに家賃を多く稼げるかという事です。家賃をたくさん稼ぐためには、なるべく大きな建物を作りたいわけです。建物面積が大きければ大きいほど、賃貸出来る面積が増えるわけで、トータルで得られる家賃が多

建ぺい率

建ぺい率とは、敷地の面積に対しての建物の面積の割合。用途地域の区分によって決められており、30％から80％までの幅があります。容積率は46ページの図を見てください。

くなるからです。

住宅地として良好な環境の第一種低層住居専用地域は、建物を小さく建ててください というエリアです。故に容積率が先ほどの例では、１００％でした。同じ住居系のエリアでも、一般的には容積率２００％のエリアが標準です。また、商業系エリアでは、これが３００％、４００％となります。とすると、第一種低層住宅専用地域に比べて、賃料を稼ぎ出す建物の大きさは、２倍、３倍、４倍と差がつくわけです（実際には、他に制限がかかるのでこれほど簡単な計算ではありません）。ここに矛盾が生じるのです。住宅地として一番良好であるはずの土地が、投資不動産としての価値を考えた場合は、一番価値の低い土地となってしまうわけです。

また、道路幅員についても似たような事が言えます。

一般的に住宅地の道路方位は、南道路が人気です。これは、日本の小さな住宅敷地では、南側に道路がある方が、陽あたりが確保されるから、という理由です。よって、ベッドタウンの住宅地は、南道路面が一番高く、次に東西道路面、そして北道路面の価格順となります。ここで、迷われるのが、４Ｍの道路幅員の南道路と６Ｍ

の道路幅員の北道路です。道路の幅は、広い方がいいけど、やはり陽あたりを考えると道路は狭くとも南道路の方がいいのでは、など、住宅を建てられる方が迷うわけです。因みにこの両者に、絶対的な優劣はつきません。住宅＝マイホームを建てるという事は、それぞれのご家族の価値基準が違い、何を優先するのかによって、価値が変わるからです。

しかし、不動産投資としての土地の価格は、明確に優劣がつくのです。

先ほど、投資不動産の土地の価値は、家賃を稼ぎ出す建物がいかに大きく建てられるか、そのため、容積率が大事と言いました。この道路の幅員も容積率に影響を及ぼすからなのです。実は、住居系の地域は、道路の幅員に40％をかけた数字を、商業系の地域は道路の幅員に60％をかけた数字を計算し、エリアで定められた容積率と比べて、小さい数字の方を制限の数字とするという事になってるのです。なので、仮に容積率が２００％の住居系のエリアでも道路の幅が４Ｍであれば、４Ｍ×40％の１６０％となってしまうのです。しかし、道路が６Ｍあれば、６Ｍ×40％で、２４０％、もとの容積率は、２００％なので、丸々２００％の建物を建築する事が出来るというわけです。

● Bは陽あたりのあまり良くない北面道路。でも道路は広く6M。

● Aは陽あたりの良い南面道路。しかし道路は狭く4M。

このように、４Ｍ道路では、建物面積が制限されてしまうわけです。よって、**投資不動産としての価値は、明らかに４Ｍ南道路の土地より、６Ｍの北道路の土地の方が価値が高いと言える**のです。（他にも北道路の方が建物建築面積が大きくなる法律の規制があるのですが、細かい知識を勉強する必要は無いのでここでは触れません）

初級者がいいものと感じてしまう物件のところで、出口戦略（売却イメージ）が大切と言いましたが、住宅地として良質な第一種低層住居専用地域は、この将来の売却という点でも投資価値の魅力を半減させるのです。まず、住宅地として良好なエリア故、大概は、駅からの距離が離れています。（その分、駅近の商業系エリアに比べ価格が安くなるのですが）、10年後、20年後仮にその土地を売却する事になったときに、その土地の最寄り駅は、どのような状況でしょうか？　今と変わらぬ人気駅であれば問題ありません。しかし、最寄り駅がさほど魅力が無ければ、駅距離の離れたその土地と、駅近の土地では、投資価値が変わるのは当然です。また、容積率が厳しい第一種低層住居専用地域は、住宅地としての購入者は現れるでしょう

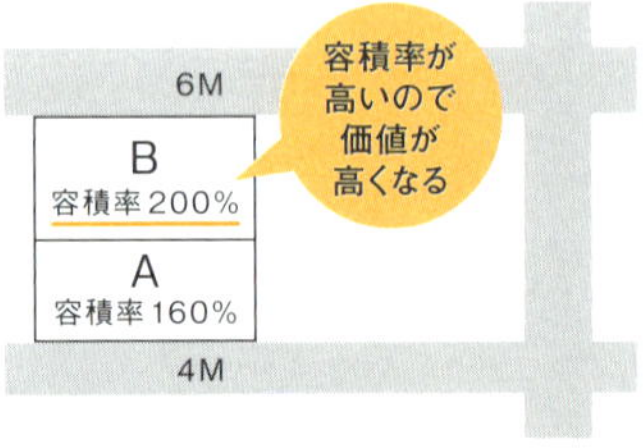

●Bは陽あたりのあまり良くない北面道路。でも道路は広く6M。

●Aは陽あたりの良い南面道路。しかし道路は狭く4M。

が、不動産投資を考える投資家は敬遠するわけです。となると、購入者が半減してしまい、これが更に、売却価格に影響するというのは、皆さんも予想がつくと思います。

CONTRACT

第4章

物件種別を特化した不動産販売会社では、お客様ファーストの提案は出来ない！

窓口となる不動産業者を選ぶヒント

不動産投資のプロは「初心者が良い買い物だと思う物件に決して手を出さない」この話題についてある方と話していたら、「そんなことを言っていたら一般の人が投資出来る物件なんか無くなってしまいますよ」と言われました。実はまさにそのとおりで結局、投資対象になる物件、儲かる物件はこの世の中にそう多くは無いという事なんです。

不動産販売会社の営業マンが次々紹介してくれる物件が、そんなに「良い物」のオンパレードであるわけがないのです。我々でも月100件近い情報をもらって、「投資に値する不動産物件」って、1、2件程度なのです。それを踏まえたうえで、物件を探してほしいと思います。

「ダイヤモンド」という経済誌のある号の特集で「保険会社の覆面対談」という企画がありました。ソニー生命、プルデンシャル生命、日本生命のエース営業外交員たちが揃って会社に見切りをつけて、乗り合いの代理店に転職したお話です。彼らはそれぞれの会社のトップセールスマン。ですから年収で5000万円以上は、もらっていたでしょう。それを全部捨てたわけです。

「お客様に対してベストの提案をしたい。それには現状、自社の保険のみでは難しい。自社の保険商品には良い部分もあるが、ある部分は他社の方が優れている」。これを解っていながら、会社組織の一員として自社の保険商品だけを提案しなければならないジレンマ…。「一体何のためにこの業界に入ったのか？　とにかく会社の売り上げだけ伸ばして高い報酬をもらうためか？　それとも、保険という商品でお客様の人生の手助けをしたうえで高い報酬を手にするのか？」。原点に立ち返った彼らは、自由に、お客様にとってベストとなる提案をさせてもらえる乗り合いの保険代理店に転職したのです。

私が言いたいのは、ここからなのですが、これは、「年収は下がったものの、お客様を騙すストレスから解放され、充実した毎日を送るようになった」といった、日本人がいかにも喜ぶような浪花節の美談ではないという事なのです。

実は彼らは、一旦年収は下がったものの、1、2年で元の年収に戻ったのです。もともとスキルの高い彼らゆえ、全ての保険商品の良し悪しを見きわめ、お客様に最適な物を提案出来る能力があるわけです。つまり、能力が高い営業マンが後ろめたい営業をせず「お客様ファースト」の視点で行動したならば、やはり高額の報酬を受け取る事が可能だったという事なのです。能力の高い人は、何もわざわざ人を騙さなくても、お客様に喜ばれて高年収を稼げるという話をお伝えしたく、この話題に触れました。

「宅建資格」の有無は、不動産の知識や実務能力とは関係ない

不動産売買の事業者は、一般的には物件種別によって様々な会社に分かれます。例えば「ワンルームマンション販売専門の会社」「ワンルームも含めたマンション専業の会社」「戸建て建売専門の会社」「アパート建築専門の会社」など…。いずれの不動産業者も一般の人から見ればプロです。不動産の知識は幅広く、最低限の事は知っていると思いますよね。または宅建建物取引士の資格を持っている担当者なら、さすがに大丈夫だろう、と。

宅建建物取引士

不動産取引の専門家を示す国家資格 宅地建物取引業法はもちろん、民法、都市計画法、建築基準法、借地借家法などの幅広い法律を網羅し、また、固定資産税、所得税、登録免許税などの税務知識も求められ、契約前の重要事項説明書を説明する士業。

断言しますが、これは大間違いです。宅建建物取引士だって単なるライセンスに過ぎません。「試験に受かった」だけであって、実務的にはほとんど役に立ちません。もちろん、無いよりあった方がいいですし、私自身も有資格者です。しかし、宅建建物取引士の資格の有無だけで不動産実務者としての能力は判断されない方が良いと思います。特に投資不動産の目利き出来るかどうか、これに関しては資格は全く役に立ちません。

マンション営業ひと筋でやってきたベテラン社員が、土地取引の際の役所の基本調査すら出来ないという事も珍しいケースではありません。確かにマンション販売では、そういう土地の調査業務は、必要性が無いので致し方ありません。そうしたマンションに特化した不動産会社は、その分野ではいい物件を供給しているはずですし、どこにリソースを特化するかは経営者の考え方次第で、効率経営の観点からみれば、正攻法です。

弁護士や税理士などでも専門分野が分かれ、得意、不得意があるように、不動産業者も同じで不動産の事を幅広く知っているわけではないという事をよく知っておいてほしいのです。特に物件種別を特化した事業を手がけている不動産会社ついては、この傾向は顕著だと言えます。不動産には、土地、戸建て住宅、分譲マンション、アパート、オーナー所有一棟マンション、商業ビル、などかなりの種類があります。また、借地権などの所有権以外の不動産もあります。例えば、先ほどのマンション販売専門の会社の方にアパートの事を聞いても、的を射た答えが返ってくる事は無いでしょうし、借地権などの知識は全く無いと言っても過言ではないと思われます。正直なところ、ベテラン上長に知識が無ければ、若い営業担当などはなおさらです。

それでも消費者は、「担当者が宅建建物取引士を持っている。国家資格者だし知識やノウハウが豊富だろう」と勝手に思い込んでしまうわけです。ここでミスマッチが生まれてしまうのです。ですので、不動産投資を成功させるためには、正しい知識を持った不動産の担当者を選ぶ事が、もっとも重要な事なのです。

投資にふさわしい物件を紹介してくれる不動産営業マンの見きわめ方

不動産投資を成功させるには、いい物件を購入する事が絶対条件です。となれば、いい情報が必要であり、不動産営業マンからの情報が欠かせません。

では、不動産営業担当者とお付き合いするときに、何を判断基準として、見きわめればいいのでしょうか？

皆さんが、考えるのは、「お客様を騙さない誠実な人」という方が大半を占めると思います。しかし、残念ながら、これが一番失敗する原因であるという事をお伝えします。

まず、明らかに消費者を騙そうとしてる不動産業者、これも大体見分けつきますよね？　言っている事が変わったり、明らかに自分の都合、成績しか考えていない、これ、肌感覚で分かります。また、数字にミスがあったり、調査がいい加減であったりする場合もちょっと、心配になって信用が落ちると思います。だから、そういう担当者を評価する事は無いはずです。

さて、誠実の定義とは何でしょうか？　言葉遣いやビジネスマナーがきちんとしている方でしょうか？　説明がぶれず、数字も明確で言っている事に嘘が感じられない人でしょうか。私もこれは同感です。

ただし、実際の例としてお伝えすると、誠実な営業マンでもキャリアが浅く知識が足らないため54ページで述べた、「我々プロは手を出さないけど、初心者、初級者は、いい物と感じてしまう物件」を本気でいい物件と信じて販売してるケースが多いのです。本当は良くない物件を知識が無いが故に、いいものと信じて営業マンがお客様にセールスし、お客様もこの誠実な営業担当者なら騙さないだろうと感じ、契約に至ります。でも、決してこの投資は成功しません。なぜなら、儲からない物件を手にしたからです。

この営業マンを責める事は出来ません。騙そうとはしてないのです。ただ、知識、経験、ノウハウが無く、本当に投資していい物件の目利きが出来ないだけなのです。そして、所属する会社では、正しい知識を部下に伝授していく仕組みすら無く、ただただ、売ってこい！　その中でベストを尽くしているだけなのです。

消費者が、営業担当者に求める事は何でしょうか？　自分達がいい不動産をジャッジする目利きが出来ないから、それを知りたいわけです。利回り以外に物件の良し悪しが分からないから、本当のその不動産の正しい価値を知りたいわけです。しかし同じく営業マンも利回り程度しか良し悪しの判断が出来ず、本気でいい物件と思ってあなたに勧めているのです（本書を読んで頂いている皆さんは、不動産の価値を判断するのはそれだけでは不十分という事がもうお分かりになっていますよね）。

これが、消費財、例えばスマートフォンとか、家電ならいいでしょう。ダメなら、買い替えればいいのですから。しかし、不動産は購入したら、そう簡単には買い替えは出来ません。また、契約した後の解約は、ノーペナルティではすみません。

営業マンに求める事は「誠実さ」、これだけでは、不十分です。

単なる営業マンではなく、長きに渡ってあなたの不動産のブレーンになれる人のレベルとは

ブレーンとなる担当者には、どのくらいのノウハウが必要でしょうか？　少なくとも、購入者である自分達を同じ程度の知識では困るわけです。ご参考までに、皆さんが不動産投資初級者で、ワンルームマンション投資を検討していて、相談を受けたとしたら、私は、こういうアドバイスをします。

「なぜ、ワンルームマンションの投資をお考えなのでしょうか？　ファミリータイプの間取りのマンションへの投資を考えられた事はありますか？」と。

都心に近いワンルーム物件と郊外のファミリータイプの物件とでは、「出口戦略」が違います。区分マンションの場合、賃借人は1所帯なので、仮にその借主が退去してしまうと家賃収入がゼロになります。これは投資としては怖いし、リスクです。しかし、そのリスクをリスクで無くしてしまう方法があるのです。

一般的なファミリータイプの間取りのマンションであれば、マイホームとしてマンションをそのエリアで探している方がいるはずです。もし、入居者が退去したら、次の借主を探してもいいのですが、マイホームとしてマンションを探している方に売ればいいんです。そう考えると、リスクがリスクでは無くなりますよね。買うときに、スーモなどで相場を調べておいて、売れる価格を把握しておいて、マイホーム価格で購入していれば、最低でも損はしません。

しかしこうした売買が他人に貸す事を前提としているワンルームだと出来ません。その部屋に住むために買うという人は、現実にはいないからです。でも郊外のファミリータイプなら、借主が退去した後でも第三者にマイホームとして売る事が可能です。これは不動産投資の最大のリスクである「空き部屋になるリスク」が消えるという事です。

いかがでしょうか？

「節税になります」、「将来の自分の年金代わりです」など、販売マニュアルに書かれたセールストークを披露する程度ではお客様の資産形成なんて無理な話です。何もこれは、ワンルームの営業マンバッシングでも、事業にダメ出ししているわけでもありません。でも、これが真実で、あなたが、優良な不動産を購入して、不動産投資を成功させるには、消費者と同程度のノウハウしかない営業マンが窓口では難しいのです。厳しい表現になりましたが「物件種別に特化した不動産販売業者にはお客様ファーストの提案は出来ない」というのは、この事を指して言っているのです。

正々堂々と仲介手数料をもらいましょう。ホンモノの不動産営業マンの在り方

不動産営業をされている側の人たちにも伝えたいと思います。もし、あなたが「営業ノルマの事しか会社は考えず、会社の体制にジレンマを感じている」「もちろん、会社や自分の利益は、考えなければいけないが、お客様の利益を無視しての取引は

おかしい」と思っているなら、「これからは会社の利益も作りながら、お客様の利益のための仕事をしましょう」と声を上げてほしいなー、と思います。また、今の環境が、物件種別に特化した販売会社で「もっと不動産について幅広く学ばないとお客様ファーストの提案が出来ないな」と感じている方であれば、先述の保険のトップ外務員の話を思い出してください。そして志が高い不動産会社へ転職を考えてみてはいかがでしょうか。

お客様に後ろめたい仕事をしてお金を稼ぐのではなく、正々堂々と仕事をして仲介業者なら正当な仲介手数料を、売主業者なら、適正な利益を頂けばいいと思うのです。真摯で真っ直ぐな気持ちを胸に、プロとしての誇りを持ち能力を高め続け高収入を目指せばいい。「嘘をつかず、稼げる人間になる」。そういう方がもっと増えれば、社会や消費者から必要とされる不動産営業マンが多くなるはずなのです。ひいてはそれが業界の質の向上に繋がり、不動産取引で豊かになるお客様が、世の中にどんどん増えていく事になると思っています。

第5章

これでもあなたは、ワンルームマンション投資をしますか？

頭金10万円で購入するワンルームマンション投資を数字で検証

この章では投資用ワンルームマンション購入を数字で検証します。

私は、ラジオなどで、「必ず自分で数字を計算し、検証しなければいけない」と口を酸っぱくして言っています。ただ、投資初心者の中には、何をどう計算していいか、そもそも計算した数字をどう判断すればいいのかすら、分からない方の方が多いと思います。そこでここでは、皆さんがワンルームマンションを契約する場面を想定し、具体的な数字をシミュレーションしていきたいと思います。参考にして頂き、また、周りにワンルームマンションを購入しようとしている人がいたら、ぜひ、この章をコピーして渡してあげてください。


さて、営業マンは、決まってこんな話をします。

「不動産投資は、手間がかからず副収入を得られる方法です。また、年金が当てにならない世代の自分で作る年金なのです」

「将来の資産形成をたった10万円で始められるのです」

「どれだけ税金が取られているのか知っていますか？　その税金を節税出来るのが不動産投資です。株式投資では、節税出来ません」

「生命保険代わりになります」

ふむふむ、

本当ですか？

では、その営業マンのトークが本当なのかを、具体的な数字で検証していきます。

確かに不動産投資は手間はかかりません。それは、正しい。

では、

①「本当に副収入になるのか？　年金代わりになるのか？」
②「資産になるのか？」
③「節税になるのか？」
④「生命保険代わりになるのか？」

という順で解説します。

シミュレーションする物件の概要は、築2年、価格は２５００万円、家賃８万５０００円、立地は東京23区または横浜エリアの駅近ワンルームマンションとします。管理費と修繕積立金は合わせて月々8500円。頭金10万円で残りはすべてローンで購入、利回りは約4％という、ワンルームマンション投資のごく一般的なモデルケースと思ってください。

まず、この条件でローンを組める金融機関は、他に資産を持っているという場合でない限り、ノンバンクになります。つまり銀行ではありません。当然、借入金利が銀行より高いわけです。この金利を2・5％とします（中には、金利1％台と謳いながら、保証料や手数料などの名目で結果同じ金利になっているケースもありますので、注意が必要です）。

頭金以外の2490万円を35年のローンで組む事になり、毎月の支払いは、8万9000円の元利均等払いという事になります。

キャッシュフローが赤字になる

さてここから1番目「副収入になるか？　年金代わりになるのか？」の検証をし

ていきます。

その前に「副収入」という言葉の定義を明確にしておきましょう。「収入」である限り、まず、現実のキャッシュが増えていなければなりません。２章でも触れましたが、お金の収支をＣＦ（キャッシュフロー）と言います。では実際にこの物件の、ＣＦを計算してみます。

下記の①の計算式を見てください。

毎月の家賃収入は８万５０００円です。しかし月々の管理費が８５００円、ローンの返済８万９０００円を毎月支払わねばならないので、毎月１万２５００円の持ち出しが出てしまいます。つまり赤字です。頭金10万円しか入れず、フルローンを組んだ時点でＣＦはマイナスとなってしまいます。そして、その赤字が累積していくわけです。

これでは、とても副収入になるとは、言えません。よって、①の「副収入になる」は、嘘だという事が証明されました。それどころか、毎月１万２５００円を自腹で補填し、それが、35年間続く事になります。計算をすると５２５万円ものお金が、あな

① このマンションの月々の収入は

	家賃収入	85,000円
支出	管理費等	8,500円
	ローン返済	89,000円
計		▲12,500円

→ 毎月12,500円のマイナス
これが35年続きます

たの財布から消えていくという恐ろしい事実が、計算したら明らかになりました。

自己資金の投入が出来れば、黒字に出来る

ところで、ここでもしも自己資金を投入出来るとしたらどうなるでしょう？　2500万円の物件を頭金1000万円、残額の1500万円分をローンで支払うのであれば融資もノンバンクでなく銀行で借りる事が出来ます。銀行なら金利を半減出来ますので返済期間が35年で、金利が1％下がればローンは月々4万6000円まで減る事になり毎月3万5000円のプラス収支になります。（下図②のとおり）年間にすると約36万円というお金が、毎年増え続ける計算になります。これなら、副収入になると言えます。

この計算から頭金を多く入れて買う事が出来れば毎月手元にお金が残る事になり、頭金が10万円しか入られなければ35年間ずーっと赤字という事が分かりました。頭金が10万円で35年ローンを組むワンルームマンション投資の、毎月のCFがプラスに転じるのはローンが終わる35年後です。そこから、やっと家賃から管理費

②　頭金1000万円を入れて買えば

月々の収入

	家賃収入	85,000円
支出	管理費等	8,500円
	ローン返済	46,000円
計		35,000円

→ 毎月35,000円のプラス　これなら副収入になる！

を引いた7万6500円が毎月貯まっていきます。皆さん、それまで待てますか？　とても待てませんよね？

では、次に家賃が高かったらどうなるでしょう？　仮に家賃が12万円だったら、月々の手取りは11万1500円となります。金利2・5％で組んだローンを返済しても月に2万2500円残ります。これなら年間で27万円は手元に残せる計算です。

このマンション投資は、自己資金を多く入れて買うか、それとも利回りがもっと高い物件を買うかしない限り、副収入にはならない、これが真実なのです。

営業マンすら解っていない、ワンルームマンション投資の本当の利回り

次に、利回りを正しく計算していきます。

そもそも、「購入用のパンフレットには、4％とあったはず、なんで収支がマイナスになるんだ？」とお思いですよね。

第1章で伝えましたが、これは、不動産投資の表面利回りを「他の金融投資商品

と同じもの」として考えているから、そう思うのです。

それが、そもそもの間違いなのです。

まずは、家賃収入だけを計算した表面利回りでなく、月々の家賃から差し引かれる諸経費を除いて計算する事が必要なのです（第3章「利回りのからくり」をご覧ください）。なぜでしょう？　株式投資であれば、毎月諸経費を引かれるなどという事はありませんね。だから諸経費を引いて正しい利回りを計算しないといけないのです。下図③をご覧ください。表面利回り4・08％に対し、実質利回りは3・67％です。

しかしこの3・67％も残念ながら、真実の利回りとは呼べないのです。その理由は、金融機関からの融資で物件を購入しているからです。金融機関からの借入れの金利も、この計算に考慮していかねばなりません。逆にキャッシュで物件を買っていれば、この利回りで計算しても良いという事になります。

では「物件の利回り」と「金融機関からの借入れ利率」を比べてみましょう。

管理費修繕積立金を引いた手取りの利回りは実質3・67％でした。物件購入のローン金利が2・5％だからこれを調達コストと考え3・67％から差し引いてみる

③ 諸経費を引いた正しい利回りは

$$\frac{\text{月々の家賃　85,000円×12ヶ月＝102万円}}{\text{物件価格　2,500万円}} = 4.08\%$$ ではなく

↓

$$\frac{\text{（月々の家賃85,000円－管理費等8,500円）×12ヶ月＝91万8,000円}}{\text{2,500万円}}$$

＝実質利回り3.67％となることがわかります。

と、「3・67％−2・5％＝1・17％」となります。

さて、この数字が何を意味するのでしょうか？

金融のプロなら当たり前、投資を成功させるのはイールドギャップ

投資の専門用語で「投資利回り」と「調達金利」の差を「イールドギャップ」と言います。その目安は、だいたい3％と言われています。解りやすく言えば、この差が、3％程度無いと儲からず、わざわざ資金を投入した意味が無いという事なのです。

先ほど計算した「3・67％−2・5％＝1・17％」、これがこの物件のイールドギャップなのです。（下図④）よって、「頭金10万円で購入する投資マンション」なんて、とてもCFをプラスに出来ない事は、金融のプロなら誰でも知っている事です。

では、家賃が高く取れていたらどうなるでしょうか？ 131ページで、家賃が12万円だったらという計算をしました。家賃が月12万円であれば、この物件の表面

④ このワンルームマンション投資の
イールドギャップは実質利回りの 3.67％ー調達金利 2.5％＝**1.17％**です。

儲かる投資の目安 ＝ **イールドギャップ 約3％**

利回りは5・76％となります。この場合、月々2万2500円の収入になり、年間で27万円残せて、CFも問題ないと話しましたが、この場合のイールドギャップは、2・85％。目安の3％にかなり近くなり、投資として利益が生まれる事が計算からも裏付けが出来ます。

私が不動産投資の利回りは、最低5％、出来れば6％、7％は欲しいと言っているのは、こういった数字に裏付けされた理由からで、単なる感覚値ではないのです。

焦って変なものを買うなら、買えない方がマシ

不動産投資は、物件が命。しかも1件目に粗悪なものを買ったら、もう次はありません。ストレートに言うと、変なものを買うのは、買わない以下の選択だという事なのです。

皆さん、家賃収入で生きていきたい夢があって不動産投資を考えるわけです。という事は、うまくいけば1棟で終わらず、2棟目、3棟目を考えるはずです。

その2棟目、3棟目を買うときにも銀行融資を使うわけですが、その銀行が1棟

目の評価をしっかり見ているのです。しかも、2棟目、3棟目となるにつれて、審査がシビアになります。

仮に、1棟目にいいものを買っていれば、それが2棟目の余力として考えてもらえます。しかし、1棟目が含み損のある物件だった場合、仮に2棟目がすごくいい物件だったとしても、1棟目の評価が低いから、融資額を絞ろう、そう考えられてしまうのです。初めから含み損の物件を持てば、マイナスからのスタート。じっくり待ちすぎて買えなければゼロからのスタートです。なので、低い利回りの投資用マンションを買わず、じっくり「イールドギャップ3％」を目指せる投資不動産を探すべきなのです。

それだと買いどきを逃すのでは？　いいえ。例え半年でも1年でも、じっと待てばいいのではないでしょうか？　変なものを焦って購入して後で損するより、その間に他の投資でもトライするなり、少しでも自分自身の金融リテラシーを高めておく時間に充てるべきです。

35年後を試算してもまだ儲かると言えるか？

ここからは、2番目の「将来の資産形成のために」という話に対して、資産になるのかどうか？を計算していきます。

「毎月持ち出しになりますが、その分必ず将来の資産になります。銀行預金と同じで、所有する不動産にお金を積み立てしている、自分で作る年金のようなものです」。営業マンが語るいかにも納得してしまいそうな話は、本当でしょうか？「資産」とは「売れてこそ資産」なのです。それを頭に入れながら、ローンが終わった35年後、売却したときのシミュレーションをしてみましょう。次ページの⑤を見てください。

減価償却費というものをご存知でしょうか？建物が1年1年古くなっていく分を価値が目減りしていくという考え方で、その1年分を償却するというものです。その1年分で償却する金額をマンション経営では、経費に出来るわけです。

ここでは、買ったときと同じ2500万円でこの物件が売れたと仮定します。売った価格と買った価格が一緒なら、売却益は、ゼロ円。よって、税金はかからない

⑤

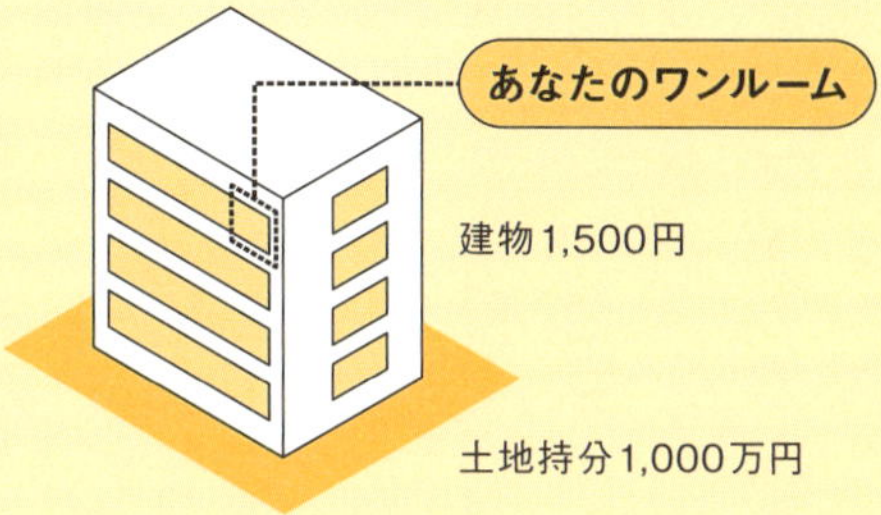

[ローンが終わる35年後に、買ったときの価格と同じ2,500万円で売れた場合の試算]

売却価格2,500万円 －（土地分1,000万円
＋建物1,500円 － 減価償却費1,155円）＝ **1,155万円**

概算で減価償却費を1,155万円（RC造建物の償却率×35年）として計算、その他本当はもっと細かい計算が求められますが、ここでは大枠を把握するため省略します。

減価償却費

減価償却は出費を伴わない経費なので、所有時には節税の最も美味しい項目の一つとして使えるのですが、最後の売却時にはしっかり利益として課税されてしまうのです。

ここから譲渡税の20％を支払って、

2,500万円 －（1,155万円 × 20％）＝ **2,269万円**

これが一旦の手残りの金額です。

これだけ残れば悪くない、とお思いでしょうか？
でもこれ、正しくないのです。
答えは次のページをご覧ください。

※こちらはあくまでイメージです。詳しくは税理士などの税務の専門家にご確認ください。

わけですが、実は、減価償却費が35年間分償却されているので、その分を差し引かねばならないのです。

おおよそ、2500万円のワンルームマンションでは土地が1000万円、建物1500万円程度なはずですので、建物1500万円から減価償却費を差し引いて計算しなければなりません。

さて、35年後、このマンションが2500万円で売れたときに、1155万円が売却益として残り、20%の譲渡税を差し引きます。計算をすると、2269万円。これが、35年後の手取り額となります。（前ページの図⑤）

しかし、35年間毎月1万2500円の持ち出しがあったわけです。月々1万2500円、1年で15万円。35年で525万円にもなります。これが、このマンションにあなたが払い続けた負債の総額です。よって、最終売却手取り額の2269万円からこの525万円を引かなければいけません。（下図⑥）

仮に買ったときと同じ価格の2500万円で売れたとなれば、35年後に手元に残ったのは1744万円。これが、このワンルームマンションの収支となります。

6

でもこの投資は、家賃収入でカバー出来ないローン支払いの不足分、毎月1万2,500円を35年間払い続けています。

月1万2,500円×12ヶ月×35年＝**525万円**

これがあなたが35年間払い続けた総額（負債）です。

よって 売却手残り2,269万円−525万円=**1,744万円**

となります。

なんと35年の収支は、1万円以下の積み立て貯金と同じに？

実は、このシミュレーションでは不動産投資の最大のリスクである空室リスクを織り込んでいません。先ほどの計算は、初めの借主が35年後までずっと借り続けているという計算です。ワンルームですから、借主は単身者でしょう。いつかは出ていきます。35年間あればかなりの数の入退去があり、空き部屋の期間も比例して多くなります。加えて、リフォーム費用も実は、計算には入れていません。修繕積立金だって年々上昇する可能性があります。

先ほどの収支計算は、家賃が1か月も途切れず、リフォーム費用もかからず、管理費・修繕積立金の増額も無いという前提の、現実にはありえない計算です。

ですので、これらを織り込んで計算してみる事にします。

財団法人日本賃貸住宅管理協会に、単身者の賃貸契約年数（その部屋に住む期間）は3年3か月というデータがあるようですので、これを基に計算すると35年間では

10回ほどの入退去がある事になります。

退去から次の借主が決まるまでの期間を仮に3か月と仮定すれば、35年間では、3か月×10回、85000円の家賃が30か月＝255万円の収入減となります。

借主が一度退去をすれば、最低でもクリーニング費がかかります。そして退去があった際の2回に1回は簡単なクロスなどの修繕リフォーム、さらに35年間のうち、お金がかかるキッチンなどの水回りのリフォームも2回ぐらいは行う必要が出てくるでしょう。

これらを概算で計算してみると、クリーニング費5万円×10回＝50万円、簡単なクロス張替え程度のリフォーム40万円×5回＝200万円、水回りのリフォーム100万円×2回＝200万円と仮定すれば、合計で今後450万円、消費税も加味すれば495万円の費用がかかることになります。

さらに、修繕積立金については、国土交通省の修繕積立金についてのガイドラインにもあるように管理費・修繕積立金も上がるはずです。ここでは、購入後10年毎に1万円増額となる計算をしてみます。10年後からは1万円増×12か月×10年で120万円、20年後から（当初からの増額差は）2万円×12か月×10年で240万円、30年後から（当初からの増額差は）3万円×12か月×5年で180万円、合わせて540万円の費用がかさむことになります。

更に売却時にも、不動産業者への仲介手数料89万円がかかります。これらを計算してみると1744万円－（255万円＋495万円＋540万円＋89万円）＝365万円まで実は、手残りは減るわけです。

この365万円を35年で割り戻すと1年で約10万4300円、更に12か月で割ると約8700円となります。これは、言い換えると毎月1万2500円を支払って、わざわざリスクを取ってこのマンションに投資したのと、8700円を自分で積立貯金をしたのと同じ結果になったという事になります。

もちろんこの計算は私が勝手な憶測で行っているだけですので、これが正解というつもりはありません。ただ、決断する前にこういった事を考えておくという事、それがリスクを考える＝失敗しないための行動になるのです。

不動産投資のリスクを考慮しない大甘な計算でもこの程度

そして、このシミュレーションは、あくまでも買ったときと同じ価格の2500万円で売れたと仮定した場合の計算です。今はピカピカかもしれませんが、35年経って老朽化したマンションです。インフレなどもあるでしょうし、都心のど真ん中の一等地であれば、あり得るかもしれません。しかし、ほとんどのワンルームマンションでは、難しいと考えた方が無難ではないでしょうか。

であるならば、先ほど計算した365万円も手元には残らず、大赤字であったという事も考えられるわけです。

「節税になる」というのは本当か？

次に販売会社の営業マンが節税になりますという話を検証していきます。

納めすぎた税金が返ってくる、とてもいい響きですよね。ただ、皆さんは、自分の納めている税金が、年間いくらなのか知っているのでしょうか？　副業をしていない多くの会社勤めの方は、年末調整だけで済んでしまうため、納めている税金を気にしていないケースが多いように見受けられます。

どのような形で税金が戻ってくるのか？

ご存知の方も多いとは思いますが、投資初心者のために、不動産投資をするとなぜ税金が返ってくるのか？　その仕組みをまず簡単に説明しておきます。

ワンルームマンションを所有し、賃貸すれば、不動産の賃貸事業を営んでいる事になり、所得として申告しなければなりません。その事業にかかった経費を計上して、賃貸事業の申告をするのです。経費には、建物分の金利、固定資産税、物件購入時にかかった諸費用、維持費、減価償却費も、経費として計上出来ます。物件の現地に行くための交通費も経費に出来ます。

この経費の総額が、家賃収入を上回れば、不動産事業は、赤字です。その赤字を申告することで、その年の所得が下がる事になります。それと同時に給与所得分の税金が納められていて、税金を払い過ぎた状態になっています。その払い過ぎた税金を還付するという仕組みなのです。これを損益通算と言います。

［損益通算とは］

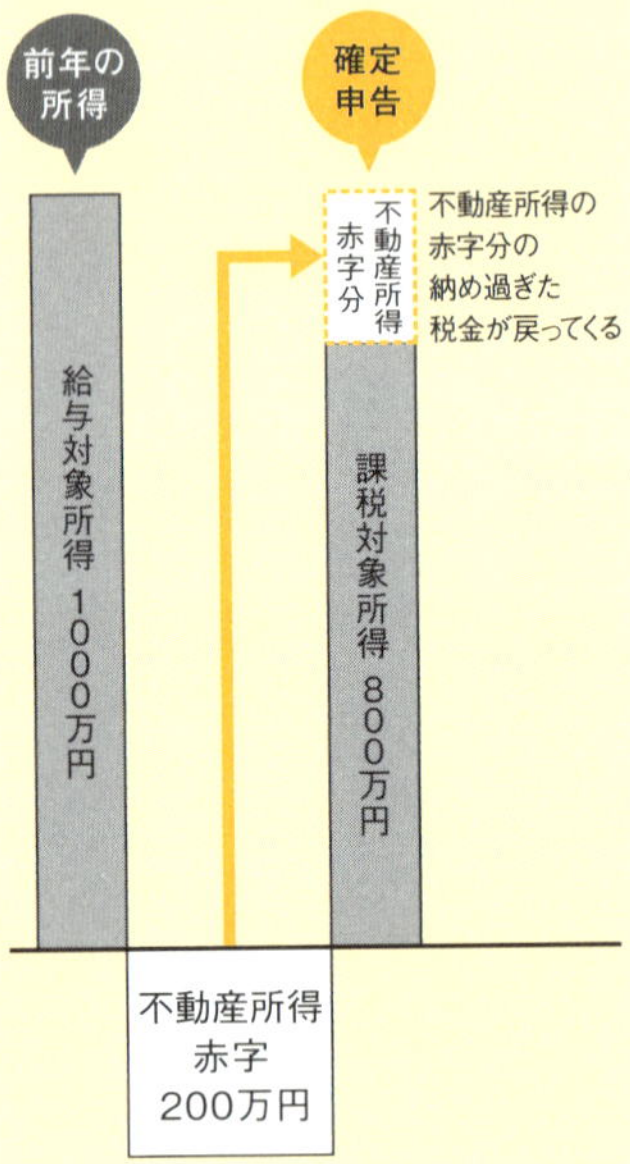

※この図はあくまでもイメージです。例えば不動産所得の赤字における土地部分の借入金利などは損益通算できないといった規定があります。

節税は、年収別に考える

所得税の負担が大きいと感じるのは、年収で1000万円を超えてくる頃ではないでしょうか？ そして、年収2000万円を超えた方は、確定申告をしなければ

還付

納税者が本来の税額より多くの税金を徴収された場合などに、税金を返す制度。一旦税金を納めた後で、減税の対象になった確定申告によって、税金が返還される。

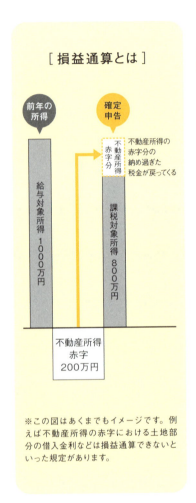

なりませんので、毎年納税の負担を感じていると思います。

ただ、みんながみんな、目先の税負担をマンション投資の節税でクリアしようとするのは、ちょっと短絡的すぎます。

日本人の平均年収は、非正規雇用を含めない正社員で、523万円とのデータがあります。このレベルでは、家族構成によっても変わりますが、所得税は年間15万円～20万円に満たない程度で、住民税が約24万円位だと思われます。確かに、手取り額が増えない今の世の中において、この税金すら返ってきたら、生活は楽になりますよね。

しかし、仮にその税金が返ってくるとしても、まず賃貸事業が、確実に長く続くかを考えねばなりません。購入するのがワンルームマンションとすれば借主はたぶん単身者です。データでは、ワンルームマンションの賃貸の居住期間は、平均4年弱だそうです。これを基に考えると、4年毎に必ずクリーニング程度の費用がオーナー負担でかかるという事になります。更に、リフォームも当初はいらないでしょうが、流石に10年も経ってくれば必要でしょう。このリフォームなどの費用は、オーナーが現金で出費するお金です。どうでしょう、これらを負担出来るでしょうか？

要は、還付されるわずかな税金の戻りを求めるために、大きな出費のリスクを負うのです。先ほどのシミュレーションを思い出してほしいのですが、ただでさえ毎月、持ち出しで自分の給与から1万2500円をローン支払いで補填しなければならないのです。よって、この年収のゾーンの方が節税効果を求めてマンション投資をするのは、リスクとリターンが見合わないのです。

では、その上のゾーンで年収1000万円を超える方々はどうでしょうか？

このくらいの所得になると所得税が33％に住民税も10％納税する事になり、税負担が重いと感じる事と思われます。まして、サラリーマンであれば、経費を計上して所得を減らすという事など出来ません。なので、節税という言葉になびいてしまうのは致し方ない気がします。

その方々に考えて頂きたいのが定年です。サラリーマンには、定年があるのです。極論ですが、定年が後5年などという方であれば、5年後に大きく所得が下がるわけです。仮に今、節税額が魅力的な額だったとしても、5年間の税負担の対策をするために、大きな不動産投資のリスクを負うのは、どう見ても正しくなさそうです。

このように、不動産投資は1年2年の短期ではなく、10年、20年の長いスパンで考えなければなりません。

さて、若くしてそれ以上の高い年収を稼いでいる素晴らしい方で、今、節税のために不動産投資をお考えという方がいたら、ぜひ、この先をお読みになってください。

税金の事を知らないサラリーマンにセールスする手口

不動産投資の中で、経費に出来るものにはどんなものがあるでしょうか。

まず、計上出来る費用は、①毎年かかってくるもの、②初年度のみ発生するもの、③実際のお金の出費は無いけど経費として計上出来るものに分かれます。①は管理費、固定資産税、火災保険、購入不動産の借入れ利子、税理士に確定申告を頼んでいればその報酬など、これらが、毎年経費に出来るものです。②は、司法書士への登記代、購入初年度にかかる不動産取得税、不動産を仲介会社から購入していれば仲介手数料などが、初年度のみかかる経費です。③は、実際の支払いを伴わない減価償却費で節税対策としては、大事な経費です。

［2,500万円のワンルームマンションの賃貸事業の計費］

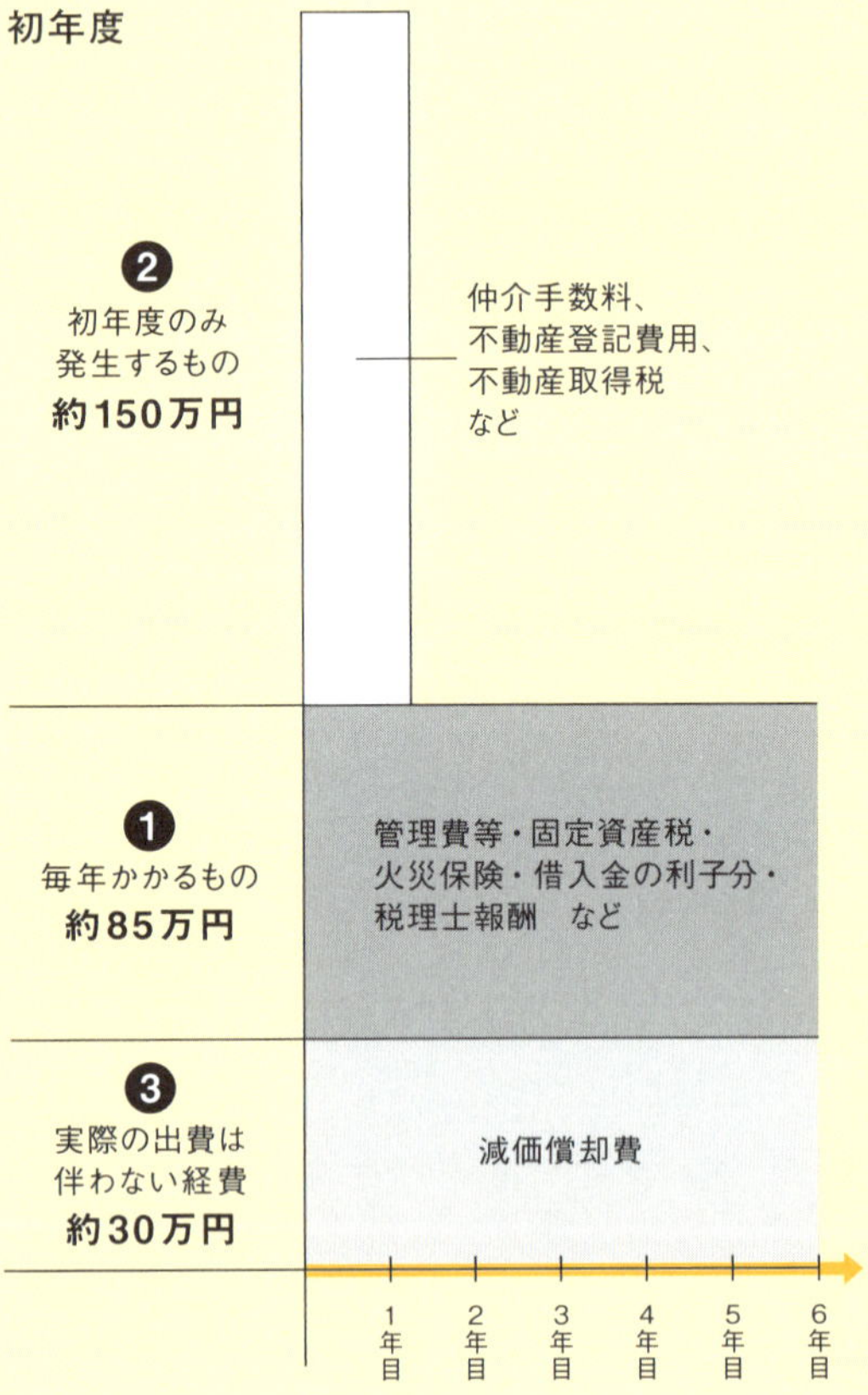

家　賃　収　入	85,000円×12ヶ月＝102万円
－賃貸事業経費	270万円
	▲168万円

初年度168万円の赤字申告をして税金の還付を受けます。

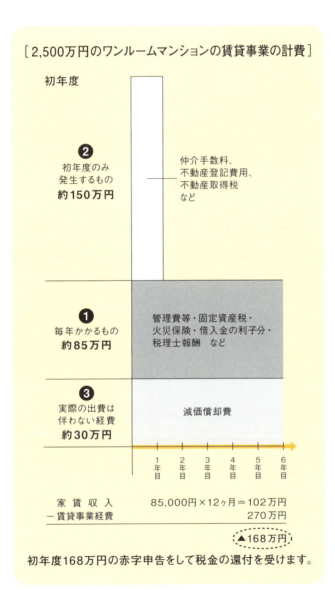

これらを、今回の２５００万円のワンルームマンションで計算してみると、①の経費は合わせて約85万円、②は約１５０万円、③は30万円、これに交通費やその他の事務経費を5万円程度乗せると、おおよその計算で、合計２７０万円の経費を申告出来ると思われます。事業としての収入は家賃収入ですから、月８万５０００円×12か月＝年間１０２万円の家賃収入を得るために、２７０万円の経費を使ったという収支になり、初年度は、１６８万円の赤字という事になりました。しかし、この１６８万円が戻ってくるのではありません。自分の給与所得から、この赤字金額を差し引いた計算で、再度、納税額の計算が行われるのです。

仮に年収１０００万円の人なら、額面の合計額から１６８万円を差し引いた８３２万円の年収として計算がされます。この両者の所得税と住民税の差は、約50万円程度です。これが、納めすぎた税金として返ってきます。実際は、社会保険料などを合わせれば、もっと差が大きくなるはずですし、税金は家族構成、控除の有無などでも変わるので、多少の計算のブレはあると思いますが、目安でお伝えしていますのでご容赦ください。

では、年収が５００万円だとどうなるか？　何もしなければ約40～45万円の所得税住民税負担ですが、このマンション投資を行った場合は、それを約25万円くらいに減らす事が出来るはずです。この差は、約20万円。確かに確定申告でこの20万円の税金は返ってきます。しかし、そもそも、このマンションを頭金10万円で買った場合の収支は、毎月1万2500円の持ち出しだった事を思い出してください。年間15万円のお金が先に出ていっているのです。確定申告で、差し引き15万円のプラス、確かに、5万円は節税出来ました。しかし、皆さんがイメージした節税とは、あまりにもかけ離れているのではないでしょうか？

日本人の平均的な年収500万円クラスの方では、このワンルームマンション投資で節税にはなりません。しかし消費者が税金に疎いのをいい事に、不動産販売業者が、節税トークで美味しい投資と錯覚させているのです。

実は、税金の還付が多いのは1年目のみ

では、年収が高ければこのワンルームマンションは、節税になるのでしょうか？

確かに初年度は、経費が多く計上出来たので、所得税の還付を受ける事が出来まし

た。それでは、２年目はどうか？　この２年目が問題なのです。

この２５００万円のマンション、経費で計上出来るものが２年目になるとガクッと減るのです。実は、不動産投資の共通点で経費は初年度は経費計上出来る項目が多くあるので経費計上額が大きくなるのですが、２年目以降は、一気に減ります。

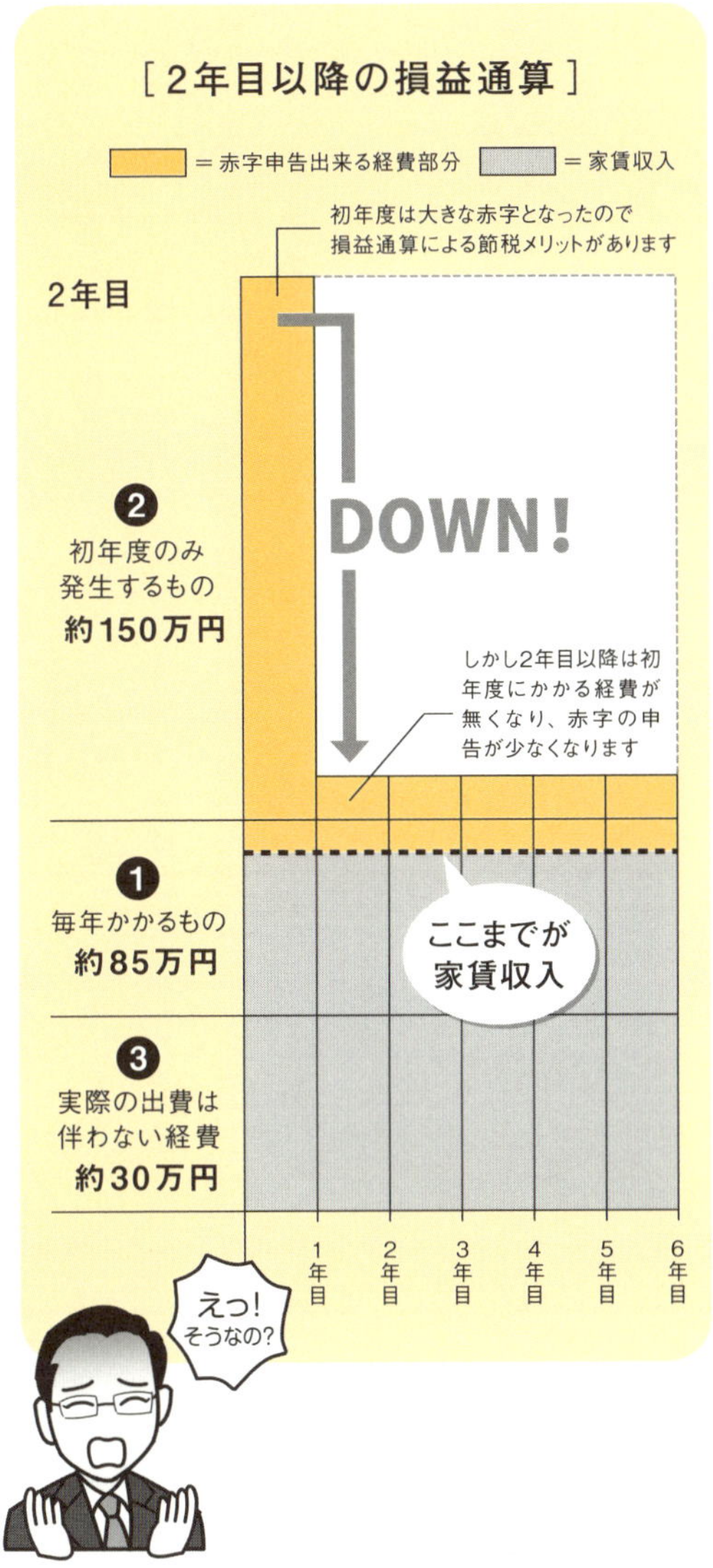

この物件では、2年目は、約120万円程度の経費計上になっています。初年度は270万円なので、半分以下です。この事は、営業マンは教えてくれません。

さて、ここから確定申告の計算をしてみると、家賃収入102万円に対して、経費は、120万円です。たった18万円の赤字になっただけです。1000万円の年収の方であれば982万円の申告所得として再計算されるだけ。節税額は計算するまでもない事はお解りですよね。2年目以降は、ほとんど、節税になんてならないのです。

営業マンの「節税になります」という話は、購入した初年度は、たしかに節税になると思いますが、2年目以降ローンが終わるまでの残りの34年間は節税効果は期待出来ないという事になります。

余談ですが、「借主の入退去時のリフォーム費用も確定申告で費用に出来るので、古くなったときのリフォーム費用などは心配いりません」などと言われるとつい安心してしまいます。費用には出来るのですが、もうお解りのとおりその費用全額が返ってくるわけではなく、返ってくるのは今の計算同様リフォーム代のごく一部程度です。例えば、借主の退去後、50万円の修繕費を現金で払って翌年の確定申告で15万円取り返す。こんなイメージでしょうか。確かに節税にはなっていますが、節税額以上のキャッシュがあなたのお財布から無くなっているのです。

更に数件を購入させる営業手法

投資用ワンルームマンションの営業マンは、こうした「損益通算」のトリックを使って、同じ投資家に2件目、3件目をセールスします。

これまで述べてきたとおり、不動産の損益通算は事業初年度にあたる1期目は一般的に経費に出来る支出が大きくなるため、所得税の還付金額が大きくなりますが、次年度以降は、そうはいきません。ほとんど節税効果が無くなってしまいます。そこで、次の確定申告が来るまでに新たに、2件目をセールスしてしまう…。これが手口です。

購入者は損益通算の仕組みを正しく理解していません。しかし、自分の預金通帳に確定申告で税金が返ってきているのを自分の目で確認していて「税金が還付された」という事実だけが投資家の脳裏に刷り込まれている状態です。

投資家は「いい投資だった。もう1部屋買ってもいいかな」と思ってしまいますよね。このタイミングで、もう1件セールスをかけるのです。

減価償却は節税ではなく、税金の繰り延べ

減価償却費という、実際の出費を伴わない費用計上が出来る。これが、不動産投資の美味しい点であると述べてきたわけですが、正しくお伝えしておくと、厳密にはこれは、節税ではありません。税金の繰り延べです。

保険でも節税商品と謳われているものが数多くあります。確かに、その年は税金が安くはなりますが、それは、利益を将来に繰り越しているだけで、将来その分が課税される事になります。よって、厳密には節税ではなく、納税の繰り延べという表現が正しいかと思います。

本章で検証したワンルームマンションでも、売却時にそれが、利益として計算されているのです。所有期間中は、お金の出費の無い魔法の経費と思われている減価償却費ですが、実は、最後にしっかり利益の対象になるのです。

節税には2種類ある

では、なんで盛んに節税節税というセールストークでワンルームマンションが販売されてきたのでしょうか？

矛盾しますが、ワンルームマンションでも確実に節税が出来るときがあるのです。ワンルームマンションの節税効果が保証されるのは、相続対策としてなのです。現金を現金のままでなく、不動産に換えることで、相続時の財産の評価は、3分の1、4分の1程度になります。資産家が、多額の現金を相続するときには、何の控除もなく、相続税がかけられます。しかし、その現金で不動産を購入すれば、相続税の評価が下がります。現金2500万円なら2500万円の相続税評価も、ワンルームマンションを購入すれば現金がマンションに換わった事で、相続税対象となる評価は、600万円から800万円程度に出来るのです。資産家にとって、この仕組みはごく当たり前に行われている事で、こうして資産を残していきます。

この相続税の節税を、一般の給与所得者の所得税の話と混同してるのです。いや、ワンルームマンションを販売する営業マンは、この違いすら知らず、単なる営業トー

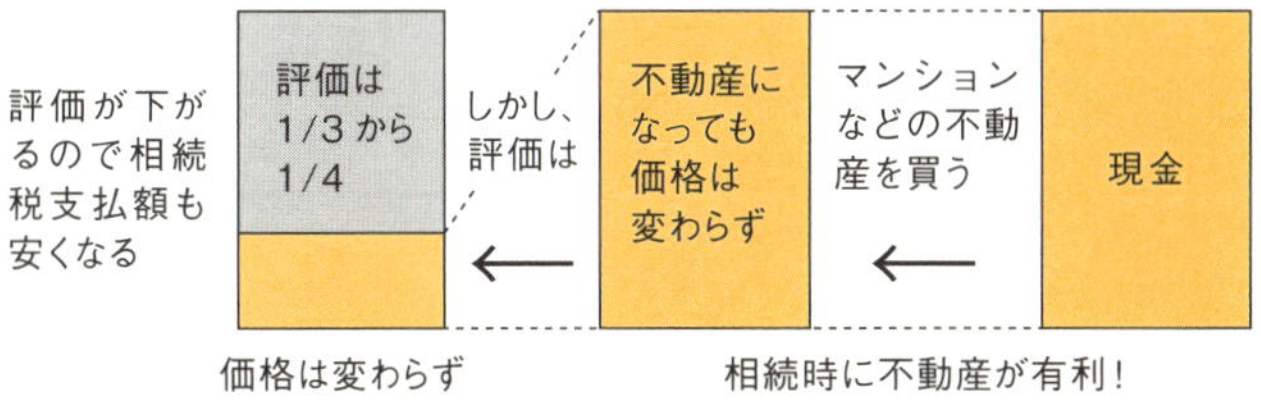
現金
マンションなどの不動産を買う
不動産になっても価格は変わらず
しかし、評価は
評価は1/3から1/4
評価が下がるので相続税支払額も安くなる
価格は変わらず
相続時に不動産が有利！

クで「節税」と言っているだけかもしれません。もちろん、この事を、一般の消費者も知りません。皆さんが知らない方が、販売する側としては、節税トークでマンションを売りやすくなり、都合がいいわけです。

生命保険の代わりに？

さて最後の「生命保険代わりになります」という営業トークについてですが、これはもう論外ですね。

不動産の融資を組むときに団体信用生命保険というものに加入します。債務者のあなたが、お亡くなりになったりとか重度の障害を負って働けなくなったなどのときは、生命保険会社があなたに代わってローンの額を銀行に返済するという保険です。これを営業マンは生命保険代わりになるのでと言います。

何歳でマンションを購入するかという点は考慮に入れねばなりませんが、もしあなたが、今、40歳で35年のローンを組んでマンション投資を始めるとします。

絶対に病気になったり事故に遭ったりしないとは言えないのですが、お亡くなり

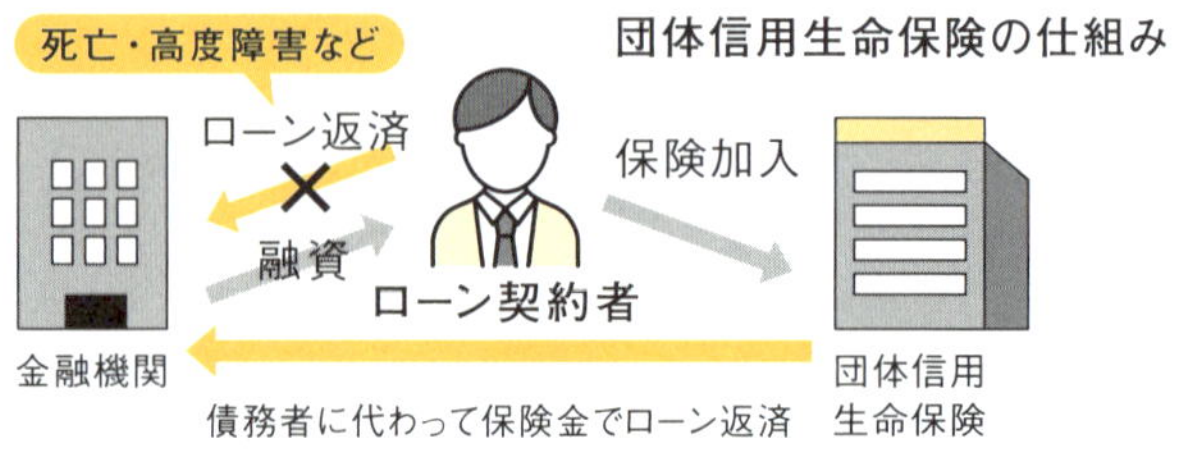

になる確率と75歳まで生きる確率は、どのような割合でしょうか？　あなたの周りの方は、40歳、50歳でお亡くなりになっているでしょうか？　一人二人はいらっしゃっても、普通は皆、元気にしていますよね。

データでは、40歳代の死亡率は、男性０．０９７％、女性は０．０６％です。50歳台になると０．２４３％です。40代は１０００人に一人以下、50代は、１０００人に二人程度、正直なところ人は、なかなか死なないのです。この方のローン完済は、75歳です。平均寿命は80歳越えですから、健康状態は別として、ローンを完済しても確率で考えるとまだ生きていらっしゃいますよね。

この団体信用生命保険は、ローンの額を補填するというものです。ローンを支払えば支払うほど、残額が減るので、保障する金額がどんどん減っていきます。そして、75歳になってローンを完済したら、保険そのものが無くなるのです。生命保険というのであれば、40歳の今は気にならないけど、年を取った75歳の時の方が必要なのではないでしょうか？　その必要なときには、保険が無い、これでなんで、生命保険代わりと言えるのでしょうか？

また、生命保険とは、死亡保障と共に、日々の事故や病気に対しての負担をカバーす

2500万円のマンションの団体信用生命保険保障額
＝実はローンの残債と一緒

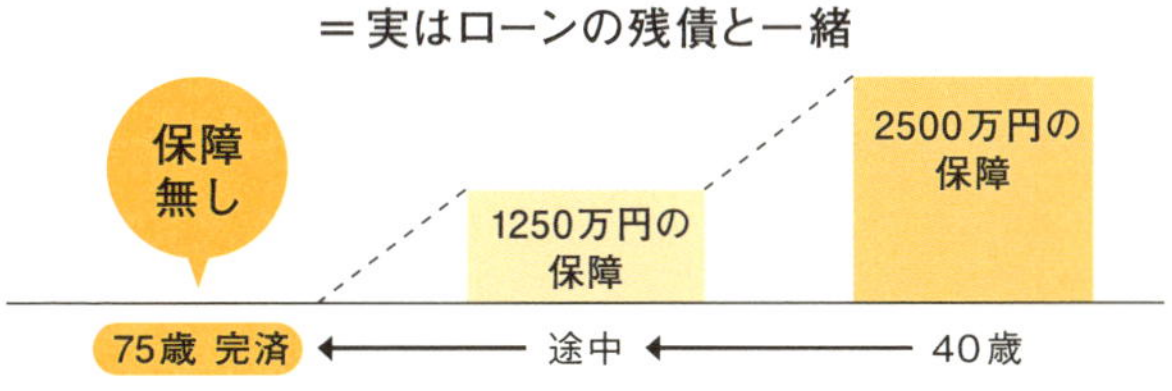

るものです。当然、この団体信用生命保険は、そのような本来の保険ではないのです。

この生命保険代わりになります、という言葉も、これで正しくなさそうだという事が理解出来たと思います。

よって、営業マンが言う、

年金代わりの副収入になります。

資産になります。

節税になります。

生命保険代わりになります。


というのは、すべて、正しくないという事が本書でご理解頂けたのではないでしょうか？

これでも「10万円で始められるワンルームマンション投資」をあなたは行いますか？

第6章

ARUHI フラット35詐欺の真相

さて、前の章では、頭金10万円で購入するワンルームマンション投資がどういうものなのかを解説してきました。すでにリスクとリターンが見合わないのを解って頂けたと思いますが、契約した消費者が、明らかに騙されてマンションを買わされ、購入から1年も経たないうちに、融資金額の返済を求められた事件が、「フラット35」の融資を利用して投資物件を購入した方々の話です。

昨今の不動産価格高騰で利回りも低くなり、目の肥えた投資家には、簡単にはマンションも売れなくなっていました。また、セミナーの集客も頭打ちで、見込み客である年収の高い層もなかなか集まらず、アプローチも難しくなってきた背景があると思います。そこで、悪質な業者が本来であれば、販売の見込み客にはならないであろう低所得者に対して、投資マンションを買わせる方法を考えたわけです。

ただ、所得が低いという事は、購入資金となる金融機関のローンが通りづらいわけです。マイホームのローンとは違い、投資不動産の融資のハードルは、格段に高いのです。年収がある一定以上でなければ、金融機関も投資用の融資にはかなり慎重です。そこで、彼らは、審査が甘く返済比率もゆるいフラット35という住宅ロー

ンを組ませて、不動産を買わせる方法で販売していくのです。

「頭金は10万円で、将来資産になるマンションが手に入ります」という一般的な不動産投資の話をされて、元々、不動産が持てるなど考えてもいなかったわけですから、いい話に感じてしまったのでしょう。購入資金は不動産会社が金融機関を手配してくれるので心配ないと言われ、よく考えもせず任せてしまうわけです。

「フラット35」とは、本人、もしくは親族が居住するための物件購入にのみ利用可能な住宅ローンで、家賃収入を得るための投資用物件の購入には利用出来ません。

ただ、騙された方々は、この事すら知らないわけです。または、知っていたとしても詳しく説明もされず、あれよあれよという間に融資が承認され、そのマンションが自分のものとなっていきます。そして、あるとき「フラット35」の融資をした住宅金融支援機構から、融資の不正利用の連絡が来るわけです。

そこで、「騙された」と言っても時すでに遅しで、不動産業者とは、連絡が取れず、融資の不正利用をした事実だけが残り、融資の全額の一括返済が求められます。

相手は金融機関、こちらは、ずぶの素人。話し合いにもならず、融資額の一括返済

返済比率

年収に対して年間ローン返済がどのくらい占めるのかという割合。フラット35の融資は、他の金融機関に比べてゆるい傾向があり、これは、言い換えれば銀行融資より多く借入れが出来るという事にもなる。

フラット35

民間金融機関と住宅金融支援機構が提携して提供している最長35年の全期間固定金利の住宅ローン。

など出来るわけがなく、不動産は競売などにかけられます。それでも、競売でマンションが売却され、借りた融資が全額返せればいいのですが、買った物件は、実は、相場よりも割高な物件や過度なリフォーム費用を乗せられている物件がほとんどであった事が、後から判明します。なので、競売でマンションを売って済む問題ではなく、マンションを手放してもまだ借金が残ってしまったわけです。

被害者は、シェアハウスのかぼちゃの馬車詐欺事件よりも、若い層がターゲットになったようで、将来のある若者が次から次へと自己破産へと追いやられてしまいました。それを受け、2022年の2月、「ARUHIフラット35被害者同盟」が立ち上がったほど、その手口は悪質だったのです。

「賃貸物件に投資」のつもりが、自分が住む事に?おかしい改ざん書類の数々、ここまでやる悪質不動産業者の手口

でも、これらの事件や手口を知らない方からすれば、そもそも、賃貸している物

競売(けいばい)とは?

住宅ローンの返済が一定期間滞ると、金融機関などの債権者が担保の不動産を売却して融資額を回収する手続きを裁判所に申し立てます。売却は入札によって行われ最高値の入札者がその不動産を落札します。

件を売買契約するんだから、住宅ローンは、通らないのでは？　そうお思いになるはずです。そのとおりで、融資審査に必要な書類をそのまま出せば、融資否認になります。融資が通らなければ、業者側は利益になりません。そこで、融資が通るよう書類の改ざんが行われるのです。

どのような手口で、相場より高いマンションを買わせたのか？　そのからくりを説明していきます。以下は、改ざん書類の数々です。

改ざん書類その1　収入証明

まず、融資を受けるにあたり、ある程度の年収が必要です。年収の確認は何でするのか？　それは、役所で取得する収入証明という書類で行います。これを改ざんするのです。もちろん被害に遭った方々にそんな知識があるわけでもなく、不動産業者が改ざんを行っているのです。ただ、これは、まだかわいい方で、中には、無職に近い方に対しても、架空の事業所の源泉徴収票などを作り、収入証明にしたという話もあるようなのです。

改ざん書類その２　預金通帳コピー

次は、預金通帳の改ざんです。

金融機関に提出する書類で自己資金の証明なるものを提出します。一般的には、預金通帳のコピーですが、通帳にお金など入っていないのですから、それをそのまま出すわけにはいきません。手を加えなければならないのです。

例えば、通帳には50万円程度しか残高がなくても桁を一つ加えて５５０万円というようにするイメージです。当然、これも本人の知らないところで行われ、詐欺に遭った方が後から銀行に提出書類の請求をしてみたところ、分かったという事なのです。

改ざん書類その３　売買契約書

そして、売買した契約書も改ざんされています。まず、このマンションは、投資用物件なので、賃貸契約していて借主がいるという内容が契約書に記載されています。しかし、このままでは、住宅ローンは通りません。この内容をすべて、削除したものを偽造し、金融機関に提出するわけです。住宅ローンであるフラット35の融資ですから、自分で居住するために買ったという事でなければいけないので、賃貸借の文言があるとまずいからです。

次に述べますが、賃貸借契約の内容削除以外にも、売買金額すら高く改ざんされ、実際の売買金額より多くのローンを借りさせているケースすらあると聞いています。

改ざん書類その4　架空の工事領収証

詐欺被害に遭った方が、不動産業者が金融機関に提出した書類の開示を迫ったところ、購入者本人が全く知らない架空の工事見積書、領収書が出てきた事もあるのです。

このマンションを内装工事を施した後に居住するという建て付けになっていて、その架空のリフォーム工事見積が提出されているわけです。本来、賃貸しているマンションを買うわけですから、そもそも、そんな工事費が計上される事自体がおかしいわけですが、裏で勝手にこういう形でローンの申込みがされているのです。そして、工事代金を上乗せして、ローンが融資されるのですが、その上乗せ工事代金分は、投資した被害者が受け取るわけではなく、業者の懐に入るという流れです。

改ざん書類その5　架空の婚約者の存在

これは、私も被害に遭われた方のヒアリングをしたときに、そこまでやるのかと思ったぐらい衝撃を受けました。単身者で少し大きめ（例えば3LDKなど）のマンション売買で詐欺に遭われた方の場合なのですが、自分一人でその間取りに住むというのは、広すぎてちょっと無理があるわけです。

そこで、将来同居する婚約者という話を作りあげ、不動産業者は架空の女性の名前を融資の補足契約書面に表記したのです。融資のために提出した住民票の中にまで女性の名前があったそうです。住民票まで改ざんされている、こんなことが、TVドラマの中ではなく、現実に行われているなんて、恐ろしいですよね。

改ざん書類　その6　架空の転勤辞令

まだあるのか？　皆さんそうお思いになると思います。

投資物件の売買は、エリアを問わず、それこそ北海道から九州まで、投資価値が高いと判断すれば、購入に至るのは、決しておかしくありません。しかし、フラット35の融資を使うとなると「自分が住む」事が前提になりますから、例えば大阪の人が東京の物件を買うのは無理がありますし、ローンの審査上不自然です。しかし、このようなケースでも、架空の婚約者すら仕立てる不動産業者からすれば、簡単な偽造でローンの審査をクリア出来るわけです。

このケースでは、架空の勤務先の転勤の辞令を作成し、提出するのです。今は、大阪に住んでいますが、東京に転勤辞令が出ているので、ローンが通ったら東京の物件を買って住むというストーリーです。

いかがですか？

悪質な不動産業者が行う手口は、あなたの想像を超えたものだったのではないでしょうか？　騙す側は、ここまでやるのです。

改ざんではないが、一番まずい委任状

実は、この住宅ローンであるフラット35を悪用した融資の窓口になっていたのが、銀行ではなく、ＡＲＵＨＩ（アルヒ）という住宅ローン取り扱い会社でした。そのＡＲＵＨＩの融資審査をする書類の中には、ちょっと問題になるような委任状もありました。「ローンの申請手続きは、不動産業者に一任します」という欄があり、そこに署名する形になってるわけです。

これは、とても問題だと思います。

消費者からすれば契約書や金融機関への提出書類は、ちょっと読み込んだだけでは理解出来ないし、うがった見方をすれば、意図的に理解出来ないような内容にしているのではないかと感じる事もあるのではないでしょうか。更に購入者は、不動産の契約も初めてなら、金融機関から数千万円の融資を受けるなんていう経験も初

ARUHI（アルヒ）とは？

正式名称はSBIアルヒ株式会社。住宅ローンというと銀行が頭に浮かびますが、銀行ではなく、モーゲージバンクと言われる住宅ローン専門会社です。

めてで知識がありません。だから、お任せせざるを得ない、そういう考えになると思います。でも、それが、一番まずいのです。委任状は、白紙委任状などもってのほか。委任をする内容は何かを明確にしてなければいけません。

騙す不動産業者はもちろん悪いのですが、この書面は金融機関であるARUHI側の融資の書類です。ARUHI側が、悪質な業者がいれば、お客様が騙されてしまう事を容認しているという事になりますよね。不動産業者の中には消費者を騙す業者がいる事は知っているわけですから、ちゃんと書類を理解しない消費者が悪いという事でしょうか？

いずれにせよ、明らかに一般消費者が何らかの被害を受けてしまうとARUHI側は解っていながら「フラット35」の申込みを受付けていたという事なのです。

実は、ARUHIもグルだった⁇

さて、そうは言っても、実は、この程度の改ざん書類など簡単に見抜けるはずなのです。金融機関は、融資のプロなのです。ちょっとおかしいという事はすぐ気づくはずです。例えば、自己資金の点が少しおかしいと思えば、預金通帳の原本確認をすればいいわけですし、リフォーム見積もりがおかしいと感じれば、その会社に電話すれば分かる事です（実は、先ほど架空の工事見積書の存在の話をしましたが、事件化した後、被害者が、ARUHI側に提出された架空の見積書の工事会社に確認したところ、そんな書類は一切作ってもいないし提出もしていないという回答だったようです）。というように、いくらでも、グレーな部分の調査は出来るはずなのです。

そこで、判断が分かれるのが、怪しいから慎重に調べようと思うか、怪しいけど融資出来れば業績を上げられるからよしとするか？　後者であれば、改ざん書類は、ノーチェックで審査が通ってしまいます。

更に、疑った目で見れば、金融機関が業績優先で業務を進めれば、悪質な業者の申込む融資を受け入れるどころか、そうした融資申込みを積極的に増やしていくというような、バーターの関係すら見えてくるのです。実際「フラット35」を利用した詐欺まがいの融資を通しているのは、ARUHIの一部の店舗に偏っていました。

私は、外野なので真実は分かりませんが、被害者同盟の多くの方がARUHIと不動産会社は、持ちつ持たれつの関係にあったと話しています。

住宅ローン会社として、社会に貢献してる部分もある会社でも一方では、こういう消費者を欺く行為を行っている事も、自分の身を守るために知っていなければいけません。

契約してしまっても、実は助かる方法があった！

ただ、このケースは、最後の最後に、騙されているという事が分かって、白紙にするチャンスがあったのです。

なぜなら、最終段階で「あなたは購入物件に、居住するんですね」という意思確認の連絡があるからです。

でも、不動産業者が、購入者に「金融機関からの連絡が入った際に『購入するマンションに住むんですよね？』って質問されたら、『はい』って答えてください」という、指示をしているんです。被害に遭われた方は、業者から言われて、後ろめたい気持ちがありながら、それに従ってしまったわけです。

「皆さんそうしてますから」という業者の言葉で、「小さな嘘は仕方ないんだろう」と話を合わせてしまった方もいるでしょう。または、嘘は言えないと抵抗した方は、業者に、「今やめたら違約金を払う羽目になりますよ。今、現金用意出来ますか？（3000万円の物件なら）20％の600万円ですよ」。そう言われて、それを真に受けてしまい、そんな大金は無いから仕方がなく嘘をつき、マンションの引渡しを受けた、そういう方もいらっしゃいました。

まず、この業者の言い分は全くのでたらめ。違約金にはなりません。それどころか、ローンが通らないので白紙解約で、手付金すら戻ってくるのです。

私なら、こう考えます。仮に、その違約金600万円を払わなければいけないとしても、今すぐ払えとか、現金一括でなど、どこにも書いていません。極論ですが、「払いますよ、毎月1000円ずつ分割で」って言えばいいのです。かなり不真面目な答えですよね。

逆に皆さん真面目なんですよね。契約だから、きちんと守らなければならない。そう考えます。では、なぜ事後ではなく、事前にその真面目さを使わないのでしょうか？　契約書を真面目に読んで、解らなければ人に聞いたり、それこそ、今ならスマホでAIチャットボットが、難解な言葉や法律を教えてくれる時代です。

いずれにせよ、実は、ここが詐欺被害に遭わずに済んだ最後のチャンスだったのです。ここで、「購入したマンションに住むんですよね」という問いに対して、「いいえ、これは、賃貸しているので住みません」という正直な事を伝えれば、融資は下りず、被害者にならずに済んだのです。

騙す側は、情報弱者を狙っている

今、SNSでの投資詐欺が大流行です。私は、なぜ、こんな単純な手口に一口乗っかってしまうのか理解出来ませんが、日本人はおしなべて投資に対する知識が低く、大丈夫だろうという安易な考えの方が多いからなんだろうと思っています。

投資話を持ちかける輩は、あなたの考える以上に巧みな罠を仕かけているのです。それに対して、消費者側は、おかしいと思ったときの対応も身についていません。不動産の悪質な取引については、途中でおかしい事に気づいたら、その場で業者にその旨を言って、聞き入れてくれなければ、不動産業の免許を与える都道府県庁などに相談したり、弁護士の相談を受ければいいのです。これは、プロでなくとも投資の知識が高くなくとも誰でも知っている事です。このARUHIフラット35詐欺は、初めからこういう知識すら持っていない層を狙って、物件を販売しているのです。

不動産業界を代表して言いますが、多くの会社、多くの不動産営業マンは、みんな真面目に仕事をしていて、こういう詐欺をする人間ではありません。ただ、あなたの知人友人を含めて、どこの世界にも人を騙す事をなんとも思っていない人もいるのです。

最も危険な、「解らないからお任せします」という思考

どうも日本人は、性善説と思考停止を一緒にしている節があります。人を信じる事が性善説だとしても、思考停止とは全く違います。そして、契約という行為をす

るときに思考停止は、致命傷です。その内容を精査する事を怠れば、不動産売買の契約は、自分のこれからの人生を破滅に追い込み、また、自分だけでなく大切な家族まで巻き込む事にまでなってしまうのです。相手の言っている事のおかしな点を見抜いて、それを徹底して考える以外、この手の危ない取引や詐欺の話に対抗する方法はありません。

解らないからお任せする。この思考が、最悪自己破産までつながっていってしまいます。だからこそ、契約を安易に考えないでほしいし、契約書に判子を押すのは人生をかけるのと同じだという事、これは、私だけでなく、失敗してしまった方々からのメッセージでもあるのです。

第7章

これを読めばすべて解る、よく解らないまま投資をしている不動産小口化商品

不動産を使った投資方法の一つである「不動産小口化商品」が投資の市場で少しずつ、認知されてきました。テレビCMやネット上の広告も多くなっています。しかしながら、そのリスクを多くの方が知りません。また、不動産小口化商品とはどんなものなのかを簡単に説明してくれる人もいませんし、正直なところ、不動産を使った投資でありながら、単純なマンション投資とは全く違って町の不動産屋さんではその仕組みを説明出来ないし、投資の妥当性も精査出来ないでしょう。投資初心者だけでなく、ベテランでも、中には、投資信託の類という軽い気持ちでお金を預けている方も多くいるようです。

この章では、中身や仕組みを良く知らない不動産小口化商品について、解説をしていきます。

何度も伝えていますが、不動産投資は、物件が命です。成功させるためには良い不動産を自分の手で探さねばならないわけです。不動産の情報は、株などとは違って、いわばブラックボックス化しているので、良い不動産を選び出すのは、特に初心者レベルの人にとってはハードルが高いわけです。

更に購入対象として有望な物件が見つかったとしても、借主は、ずっと確保出来るだろうか？　賃貸収入は安定して入るだろうか？　そういう不安がよぎるはずです。そして、購入額が大きくなれば資金は手持ちの現金でなく銀行融資になります。でも銀行融資に馴染みが薄ければ、「自分に購入資金を貸してくれる銀行があるのだろうか？」などと不安要素が多いわけで、不動産投資に興味があっても敷居が高いと思う人が多いわけです。

そこで、躊躇している人たちの前に「物件をご自分で探す必要はありませんよ」「あなたの投資可能な無理のない額で始められます」「入居者を探す手間もなく心配はいりません」…など、今まで不安要素に思っていた事が、すべてクリア出来る商品が現れたら、投資家にとってはまさに願ったり叶ったりじゃないですか。不動産小口化商品とは、こうした方々の不安要素をクリアした投資商品なわけです。

次のページの図を見てください。

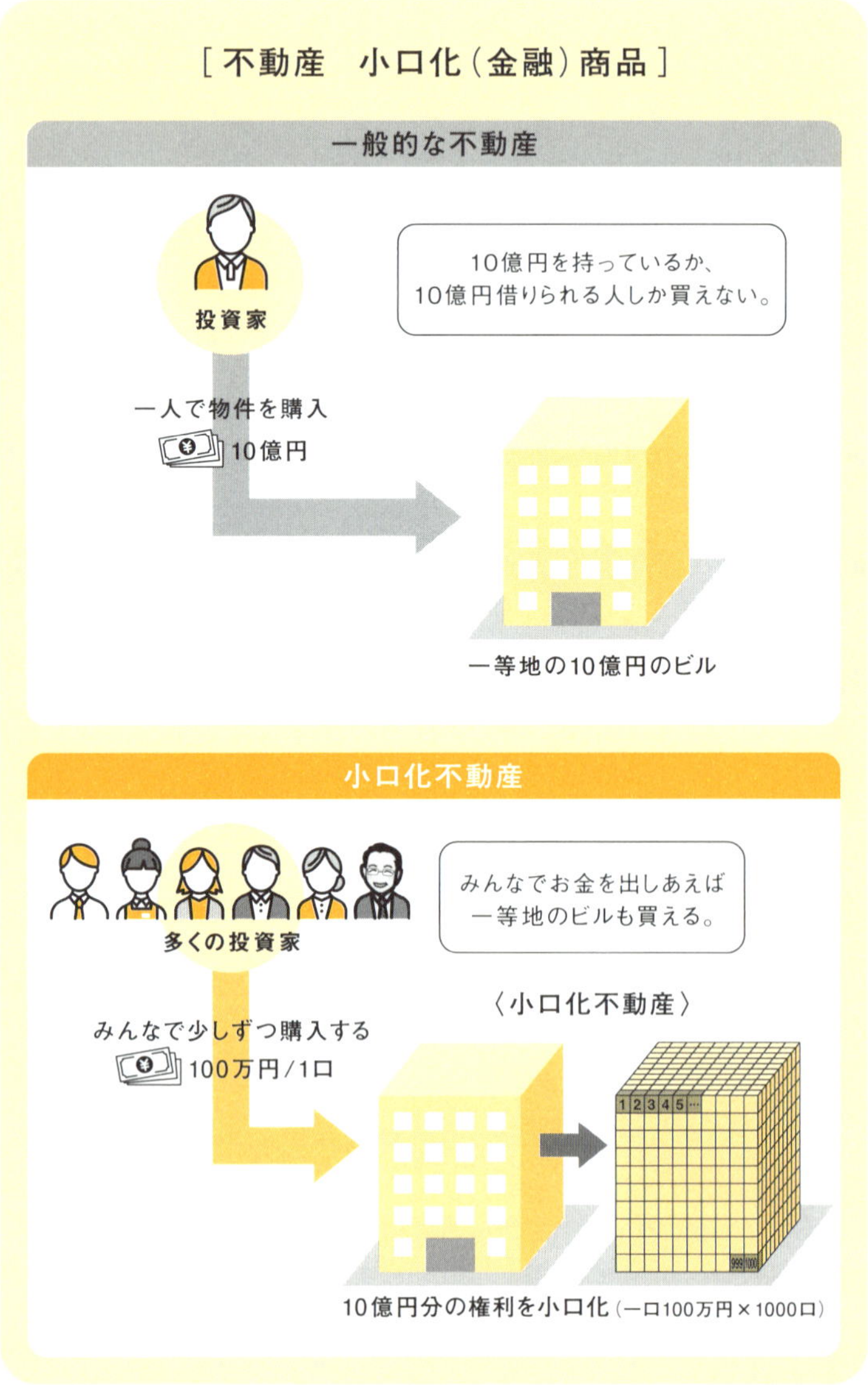
[不動産　小口化（金融）商品]
一般的な不動産
投資家
10億円を持っているか、
10億円借りられる人しか買えない。
一人で物件を購入
10億円
一等地の10億円のビル
小口化不動産
多くの投資家
みんなでお金を出しあえば
一等地のビルも買える。
〈小口化不動産〉
みんなで少しずつ購入する
100万円/1口
1 2 3 4 5 …
999 1000
10億円分の権利を小口化（一口100万円×1000口）

この図のように、不動産小口化商品は都心一等地の中規模程度のビルやマンションに対して数百人が一人１００万円ずつ出し合って、共同で大家さんになる。そして、出資割合に応じて家賃収入を分ける。その後、一定期間経ったら物件を売却。売却益も、出資割合で公平に分配する、という流れなわけですが、投資に対していかに賃料が多く得られるのかがポイントという点においては、普通の不動産投資と変わりありません。

一口の投資額としては１００万円位が一般的ですが、最近では30万円や10万円といった少額のものも出てきています。これなら、大きな資金が無くとも、ローンを組む事をしなくとも、不動産投資が出来ます。また、この少額で不動産投資を体験してみて、本当に家賃収入は堅い収入なんだと思えたならば、先々自分でマンション投資を始めてみる、１棟のアパート投資を始めてみる、といったように考える方のニーズにもマッチします。

ここまでは、私も同感ですが、投資であるが故に、当然ながらリスクがあります。そして、皆さんは、自分が考えている以上の大きなリスクがある事を正しく理解していません。先に述べたように、手軽で投資信託のようなものとして投資をされている方も多くいらっしゃるようですが、不動産小口化商品は、投資信託とは違った大きなリスクがあるのです。

以後、そのリスクについて、述べていきます。

①元本保証はされない

まず、「元本が保証されない」という事。しかし投資であればこれは、当たり前で皆さんも理解をしている事でしょう。

②一定期間は解約できない

この不動産小口化商品の事業は、不動産オーナーとなって賃貸事業をして、一定期間後にその不動産を売却するスキームなわけです。その期間中に、皆さんが好き勝手に換金をしたいとなれば、所有している期間の資金が不足してしまいます。よって事業の特性上、一定の期間は解約出来ず、投資したお金は換金出来ません。大体、約5年から10年の間で解約出来ない期間を設定しているはずです。

中には「途中解約可能」を謳う商品もありますが、その場合は、売却元の事業者が買い戻すという形になるので、当初の購入した価格では、売れない（＝元本割れ）という事も覚悟しておくべきでしょう。

③売買のマーケットが無い

そして、一番の問題は、「売買のマーケットが無い」事です。リートや株のように、上場しているものは、買うにも売るにも自由に出来て、しかも、価格も明快です。例えば、今、あなたが、トヨタの株を買おうと考えたときに、高いか安いか価格を調べる事が出来て、しかも、買うにしても売るにしても、取引価格は、皆同じ価格なわけです。これが、マーケットがある上場している投資商品の安心なところなわけです。

元本割れは投資である以上仕方がありませんが、自分の意思や必要なタイミングで、換金出来るか出来ないか、これは、どのくらい儲かるのか、どのくらい節税になるのかよりも大切な事です。売買のマーケットが無く、自分の好きなタイミングで売買出来ない。これが不動産小口化商品の大きなリスクなのです。

また、相対取引になるため、最後の売買の価格や流れが不明瞭です。金融商品としては新しく、過去の事例が少なすぎる事、また、仮に事例はあっても情報を開示する必要がないため、投資の安全性を確かめる事が出来ないのです。

皆さんが大きな誤解をしているのは、自分が知らない新しい投資手法に出合うと、「一部の儲かっている投資家が行っているものに自分も運よく出合えた」、といった風に感じてしまう事です。しかも、投資の目論見書を見るといかにもそれらしく書いてある事が多く「最新の金融テクノロジーを駆使して皆様のお金を正しく運用・管理する」、そんな錯覚に陥りがちです。これは、錯覚なのです。不動産小口化商品は、不動産投資と一緒で、賃貸事業です。投資の元になる物件をいくらで買って、借主にいくらで貸して、そして数年後にいくらで売れるのか？　ただそれだけ。あえて難解にした言葉に騙されてはいけません。

不動産小口化商品が組成される流れ

ここからは「不動産小口化商品」がどうやって組成され、運用されるのか。そこで浮き彫りになる問題点とは何か、を解説します。

まず、不動産小口化商品の許認可を受けた不動産会社でかつ対象となるビルを所有している不動産会社A社があります。A社がそのビルを不動産小口化商品として、投資家に販売する事を決め、まず最初に任意の組合が作られます。

なぜ、組合が作られるのかというと、何百人の投資家に不動産を所有してもらうわけです。一般的には、この場合の所有権は共有となって、投資家がそれぞれの共有持ち分で所有する形になるのですが、しかし、これだと後で色々問題が出てきてしまうのです。例えば、この不動産の売却時。仮に一人でも売却価格に難色を示し、その価格では売らないと言ったら、その共有持ち分だけ、売却する事が出来ず、正直売り物にならなくなってしまいます。なので、そこで組合を作り、それぞれの所有権の権利は持ちながら、あくまで、組合の一員となってもらい、物件の維持管理や売却などは、個人の意思でなく、組合の考えに沿って行うという形をとるのです。

実は、その組合員にA社も入ります。この不動産小口化商品は、小口で投資出来るという投資家のメリットだけでなく、事業者側にもメリットがあるのです。一般的な不動産売買であれば事業者は売却利益を得て、それだけで終わりです。しかし、この不動産小口化商品として販売すれば、元々所有していた不動産を管理下に置いて「売ったら終わり」の売却の選択以外に、再び事業化する道も選べるのです。

さて、その不動産小口化商品の募集口数は、どうやって決まるのでしょうか？これは、A社が、いくらで、自己所有してる不動産を売りたいかで決まるのです。言い換えれば、A社がどのくらいの額を資金調達したいか、そこから逆算し、一口あたりの単価と、それを合計何口売れれば希望の売り値に達するかを試算して、募集口数が決まります。

販売が始まると一方投資家はA社の関連会社である不動産小口化商品の販売会社B社に手数料を払い、任意の口数分を購入します。投資家は、投資期間中、やはりA社の関連会社である不動産管理会社Cに管理手数料を支払い、投資した割合分の分配家賃を受け取ります。実は、事業の特性上、この不動産小口化商品は一定期間、各々の投資分は解約が出来ない事は、先に述べたとおりです。こうして歳月が経ち、物件の売却の時期を迎えます。このとき、売却先はA社が主導で選定してくれるので、投資家が売却先で頭を悩ませる事もありません。そして、組合解散と同時に元本と売却益の分配金が返ってくるという仕組みです。

投資家は、一定の利回りが得られ、売却時は、投資した元本と共に不動産の売却益が得られます。投資額はわずかで、プロの不動産運用に一口乗っているようなイメージでしょうか？

儲かるのは投資家だけではない。事業者の利益構造が何重にもなっている美味しい仕組み

投資家にとって安定した家賃収入が得られる魅力ある投資商品ですが、実は、投資家のためだけでなく、事業者が多くの利益を得られるのが不動産小口化商品なのです。

不動産事業の開発事業は、大きな資金が必要です。都心になればなるほど、この資金量は必要です。当然、事業資金を取引銀行にお願いする事になるのですが、それでも、足りなくなるのです。この不動産小口化商品は都心の好立地の不動産であ

るが故に安定した賃貸需要が見込めるというものです。そして、都心の一等地の不動産の土地の価格は、坪2000万円、3000万円もするわけです。普通の方が住むベッドタウンとは、桁が一つも二つも違うわけです。よって、事業者は銀行の融資とは別の資金調達方法を探しています。そして、この不動産小口化商品は、投資家から直接お金を集められる方法であり、実は、事業者の資金調達方法という点でも、メリットが大きい事業なのです。

さらに、資金調達面でのメリットの他に、事業者が何重にも利益を得られる方法でもあるのです。

まずA社は、自社で「不動産小口化商品」を組成しています。つまり「自分の好きな価格」で所有不動産を組成した組合に売る事が出来るのです。これが「第1の利益」です。実は、先ほどA社がどのくらいの資金を調達したかで募集口数が決まると述べました。という事は、事業者がもっと儲けたいと思えば募集口数を多く発行するだけで（例えば、1億円多く調達したいと思えば100万円の投資口を100口多く販売すればいいだけというように）いとも簡単に出来てしまうわけです。だからこそ、この事業者の信用が重要であり、事業母体が怪しい不動産小口化商品はこの点で不安が残ります。

また、先ほど、この不動産小口化商品を販売する会社も賃貸管理する会社も関連会社という表現をしました。

解りやすく図にしましたが、この不動産小口化商品を販売するのは関連会社のB、賃貸の管理をするのは関連会社のCです。数年後には、このビルを売却するわけですが、その際も売却先を決めるのはA社が組合の理事になっているため、売却の意向もA社が先導する事になるわけです。よって、売却先はA社の関連会社のD社が仲介して売買されるわけです。A社B社C社D社がグループ会社とすれば、グループ全体として、この事業で4回の利益を得る事が出来るのです。

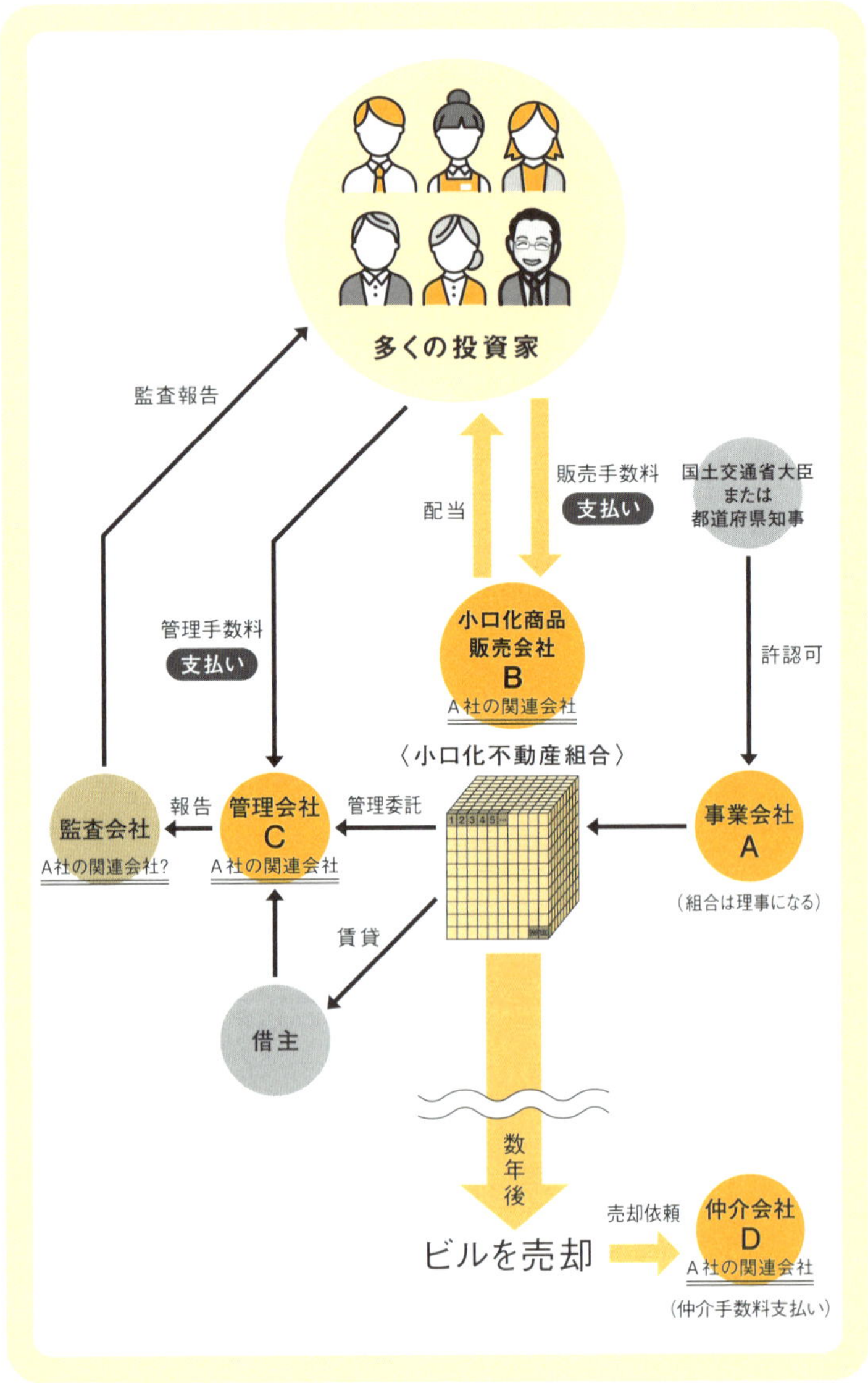

多くの投資家
監査報告
配当
販売手数料
支払い
国土交通省大臣
または
都道府県知事
管理手数料
支払い
小口化商品
販売会社
B
A社の関連会社
許認可
〈小口化不動産組合〉
監査会社
A社の関連会社?
報告
管理会社
C
A社の関連会社
管理委託
1 2 3 4 5 …
事業会社
A
（組合は理事になる）
賃貸
借主
数年後
ビルを売却
売却依頼
仲介会社
D
A社の関連会社
（仲介手数料支払い）

現在不動産小口化商品に投資をしている方がいたら、投資目論見書を確認してみてください。「事業会社」「管理会社」「販売会社」そして投資家のお金を守る立場の「監査会社」を含めて、全部同じ住所に登記されている会社というのは結構多いのです。ペーパーカンパニーである子会社が「投資のスキーム上必要な体裁を整える目的」で名前を目論見書に記載されているだけ、これでは、同じ財布で管理されているわけですから、とても安全な運用とは言えません。証券会社だって、お客様の株と自社運用する株は分けて管理しなければいけないという規則があるのです。せめて、投資家のお金を見守る監査会社だけは、関係ない会社であってほしいじゃないですか。それでなければ、万が一のときは投資家のお金は守られないわけですから。

このように事業者側は、投資家のお金でノーリスクで事業が出来るうえに、不動産小口化商品は大流行でどんどん売れるのです。だから、不動産小口化商品の事業に力を入れます。これが、この数年で、不動産小口化商品が5倍にも、6倍にも増えている理由なのです。

高利回りを謳う不動産小口化商品もどき？の広告

ただし、この不動産小口化商品は、誰でも事業化出来るわけではありません。不動産特定事業法という法律に基づいた認可が必要です。しかし、その認可基準がここ最近どんどん低くなっているのです。これも、この不動産小口化商品が数年で増えている要因であると思います。

不動産小口化商品は、不動産賃貸事業なのですから、利回りが突飛に高いなんて事はなかなか考えられません。しかし、広告を見ていると倍ぐらいの利回りを謳う不動産小口化商品らしきものも見受けられます。らしきもの、と言ったのは、広告では許認可を受けた不動産小口化商品かどうかが分からないからです。

消費者は全く知識が無いので、それを見抜く術がありません。また、広告にも、正直規制がありません。詐欺被害でニュースとなっている有名人を語ったSNSの詐欺にしても現状では、ネット広告上で取り締まる事が難しいように、この不動産小口化商品もどきも同じなのです。先日、少し、怪しそうだなと思った高利回りの投資広告を調べてみたら、その会社の住所がレンタルオフィスだったなんて事もありました。

また、8％超えの利回りを前面に謳っている広告があったので、どんな不動産に投資しているのか見てみると、都心から電車で1時間半以上離れたエリアにある物件というケースもありました。私の試算では、そのエリアの不動産投資だったら、どう見ても15％、20％の利回りでないと、リスクリターンのバランスが取れないわけです。このようなケースは、そのエリアの投資不動産は、買い手がなかなかつかず、銀行評価も低く、事業者が融資を受ける事すら難しいから、直接投資家から資金を募っているのではないかとしか考えられないのです。

そんな、我々プロが当たり前に考えるような事もせず、投資初心者は高利回りというだけで、飛びついているのではないかと思うのです。よーく考えてください。「本当にリスクが低くリターンが大きい」、「これは、絶対損しない！」そういうものがあれば、プロである我々が積極的に買っているのです。しかしながら、不動産業に携わる者のほとんどが、不動産小口化商品を買っているという話を聞いた事がありません。これが、答えなわけです。因みに私も不動産小口化商品は、他の金融商品と比べて、利回りが1％、2％高い程度では、100％買いません。

そもそも高値掴みをしていないか

不動産小口化商品の一番のリスクは、一定期間換金が出来ない、また、自分の意思で売る事が出来ず、不動産小口化商品を売買するマーケットが無いという事を述べました。

では、仮に5年程度は現金を必要としない人が、運用期間が5年の不動産小口化商品に投資をするのであればリスクは無いのでしょうか？　いや、まだ、他にもこの不動産小口化商品には、皆が知らないリスクがあるのです。

不動産小口化商品は、マーケットが無いため、そもそも、初めの一口の投資金額が、妥当な金額であるのか、本当にそれだけの価値があるのかを見定める方法が無いという事なのです。

一口１００万円の不動産小口化商品を買ったケースで考えてみます。年利４％として1年で４万円のプラス、５年間預けなくてはいけないとすれば、４万円×５年で20万円の利益が出る計算です（実際は、管理手数料や税金が引かれるので、これほど利益は残りません)。5年後は投資した物件が売却されて元本が返ってくるので、元本割れのラインは、80万円です。不動産価格が、今と同じであれば、元本の100万円が返ってきます。そして、投資利益を含めたトータル利益で損になるには、不動産価格が20%の下落が無ければ、持ちこたえられます。「地価が20%も下落するはずがない」。そう考えますよね。私も同感です。では下落幅が5%はどうでしょう? これなら十分あり得る数字です。不動産投資とは、地価下落のリスクを常に伴うものだから仕方がありません。例え5%程度下落したところで95万円は返ってきます。利益と相殺して15万円儲けられます。5年で15万円ですから、1年3万円。3%の投資利回りとなります。まあ、我慢出来るラインといったところでしょうか。

ここからが問題点です。

あなたは、100万円の不動産小口化商品を購入したのですが、その、100万円が適正な価格であるかを確認して投資したのでしょうか?

株式投資をするときは、必ず、投資する銘柄の株価をチェックするはずです。チャートを確認し、今が上がり基調か下がり基調かなどを見て、もうこれ以上下がらないだろう、または、将来上がるだろうから今買うべきだと、自分なりに損はしないという考えの下、その銘柄の株を購入するはずです。

しかし、不動産小口化商品には、そのチャートに相当する指標となるものが存在しません。よって、購入時の物件価値の査定額がそもそも適正だったのか、これを確かめる方法が無いのです。チャートを確認して適正な価格で買ったつもりの投資商品が経済情勢の変化で損をしてしまった、これは、致し方ありません。

しかしながら、この不動産小口化商品に１００万円投資したけれど、そもそもの価値が初めから80万円しか無かったとしたらと考えた事はあるでしょうか？　逆に言えば、事業会社が80万円の価値しかないものを１００万円で売っていても分からないという事です。

要は、投資家は初めから高値掴みさせられており、事業会社は、資金調達の手段として投資家からお金を集めて、解約出来ない5年間の間でなんとかする、最悪は元本保証しているわけじゃないので投資家に損失を被ってもらえばいい、こういう

これが正しい

考えだって出来るわけです。

もちろん、これは私がかなり極端な例を述べています。ただ、こういう不動産小口化商品のリスクは、誰も説明してくれないのです。

不動産小口化商品は現時点でまだ黎明期、だから玉石混交状態です。そのような中、政府は「貯蓄から投資へ」というスローガンの元、事業認可取得のハードルをどんどん下げています。これによって、悪質な業者が参入しやすくなっているのです。

「ワンルームマンション詐欺はもう儲からないな、シェアハウスで投資家を騙すのも事件になったから無理だな、でも、まだ不動産小口化商品での詐欺は、世間が気づいていないから、今のうちにやろう」そう考えても不思議ではありません。

そして、私は、もう、そういう悪質な事業者が不動産小口化商品もどきを作り、すでに多くの投資初心者のお金を吸い上げていると思っています。

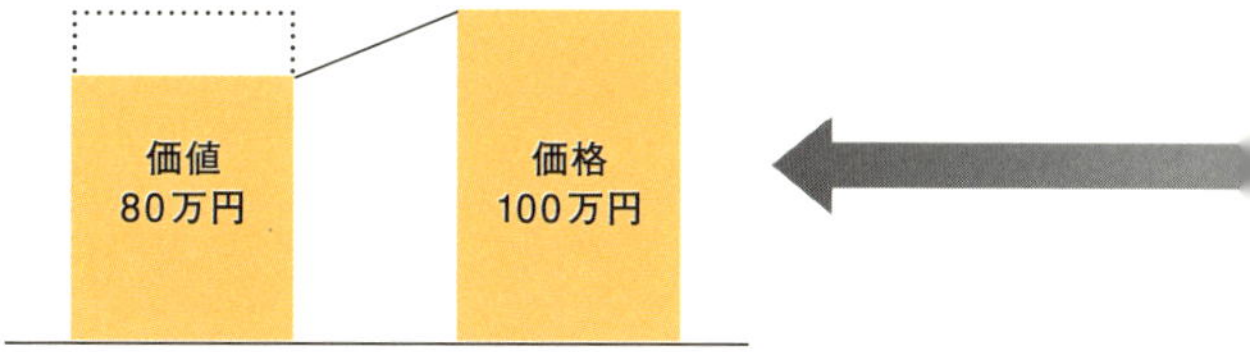

買ったときにこうだったら?

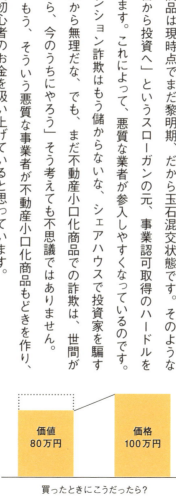

同じ不動産に投資するリートとの違い

「不動産小口化商品」と同様、投資対象が不動産、家賃収入を配当とする投資商品に、「REIT（以下リート）」があります。何が違うのか？　それぞれにメリットとデメリットがあるので、簡単に理解出来るよう図にまとめました。

	リート	不動産小口化商品
安全性	○ 高い	× 低い
換金性	○ 高い	× 低い
情報の公平性	○ 高い	× 低い
NISA	○ 対象	× なし
所有形態	有価証券	不動産
相続対策	×	◎
節税効果	× なし	○ 高い
確定申告	原則不要	必要

Real Estate Investment Trust

この頭のアルファベットを並べて通称 REIT（リート）と呼ばれている。

投資家から集めたお金を不動産に投資し、賃貸収入や売却益を投資家に分配する不動産投資信託。投資先となる不動産は「オフィスビル」や「商業施設」「マンション」など多岐にわたる。

では、両者の違いを順に見ていきましょう。

まず「リート」は上場しています。上場しているという事はマーケットがあるという事で換金性は高いという事です。一方の「不動産小口化商品」は未上場。故に資金力に乏しい運用母体でも事業可能なため、両者の安全性には雲泥の差があるという事になります。

次に「リート」はＮＩＳＡの対象。一方「不動産小口化商品」は対象外です。更に所有形態の違い。「リート」は株と同じ有価証券としての所有になりますが、「不動産小口化商品」は不動産の分割所有となります。よって、「リート」の所得は配当になり原則確定申告の必要はありませんが、不動産小口化商品の所得は、家賃収入となるので、確定申告が必要となります。

そして、相続の際には「不動産小口化商品」は不動産を所有している形なので、評価が３分の１、４分の１程度になります。つまり相続税の節税効果が見込めるのですが、「リート」は株式と同じで当然時価評価なので節税効果はありません。

同じ不動産への投資なのに、なぜ2種類に分かれているのでしょうか？　確かにわざわざ解りにくくしている感じすらしますね。その答えは、監督庁の違いにあります。「リート」は金融庁、「不動産小口化商品」は国土交通省の管轄。国土交通省からすれば、本来、不動産は自分の管轄なのに、リートとして金融庁に牛耳られていました。それを面白くないと思った国土交通省が、投資推進という昨今の政府の方針を上手に活用して推進したのが、「不動産小口化商品」ではないか、と言われていますが、真相はどうなんでしょうか。

相続対策として有効な「不動産小口化商品」

相続時に一番税負担が大きいのは、現金での相続です。現金を不動産に換える事で、相続税の評価を下げる事が出来て、よって相続税の納税額も軽減出来るという税法の事はお伝えしたとおりです。ただし、現物不動産の場合、相続不動産が1棟で相続人が複数いた場合などは、不動産を売却して公平に分ける事が難しいわけです。また、相続人の中の一人がその不動産にお住まいになっている場合なども単純

相続不動産が一つで相続人が複数だと…

にその不動産を売ってお金で分けるという事が難しく、なかなか話がまとまらないというケースが実は多くあるわけです。

　不動産が相続で有利なのは解っていても、相続人の数分、それも公平な額の不動産を所有しているというのは、なかなか難しいものがあります。そこで、評価は軽減が受けられる不動産評価となりながら、公平に分けられるものとして「不動産小口化商品」が相続税対策で活躍しているのです。

　不動産小口化商品であれば、現金と同じように配分が出来、かつ、相続税評価を下げられるという資産家にとっては、とてもありがたい金融商品であるのは間違いありません。また、相続前の生前贈与という方法をこの不動産小口化商品で行うのも、更に相続税対策として有効でもあります。

税理士すら解らない「不動産小口化商品」の資産価値

このような節税効果を活用して税理士の先生方が、不動産小口化商品を相続税対策として勧める例もあるようです。もちろん、これは、否定しませんし、間違いなく相続税対策として数少ない有効な方法であると思います。

しかし、この話は、１００万円の現金を投資する不動産小口化商品が１００万円の価値を持っている事が大前提です。１００万円を同じ額の不動産に換える事で評価が下がり、仮に評価が４分の１程度になるとすれば、４分の３の節税効果が見込めるわけです。しかし１００万円で投資する不動産小口化商品が１００万円の価値が無く、50万円が妥当な価値であったとしたら、全く話が違ってきてしまいます。

逆説的に考えれば、評価が大きく圧縮出来るというのは、売り値が高すぎるという可能性もあるのです。「評価が下がれば節税になる」、これは正しいのですが、乖離率だけを計算しても意味がありません。不動産の評価額基準にして元の価格が高ければ高いほど乖離率が大きくなり、節税効果があるように感じさせられるからです。元の取得した価格が適正であれば、問題ありませんが、元の価格が適正でなく、高く売りつけられていて、乖離率が大きいのであれば、相場より高い価格で不動産を取得し、節税効果が大きかったと言っているだけになります。節税にはなりはしたけれどもそもそも高値掴みの不動産です。売却してみたら、節税額の額を上回る売却損が出るなんて事には流石にならないでしょうが、これは、正しい節税でしょうか？

そして、不動産小口化商品の税法上の評価は算出できても、実際の不動産価値を算出できる税理士の先生方は、そうそういらっしゃいません。高値掴みをしてる事を見抜けていない可能性すらあるのです。そして、不動産会社は言葉巧みに税理士の先生にこぞって、不動産小口化商品を資産家のための節税商品として売り込みに来るのです。

2種類ある「不動産小口化商品」に注意

さて、ここからズバリ「買ってはいけない不動産小口化商品」について話します。「不動産小口化商品」には大別して、「匿名組合型」「任意組合型」「賃貸型」というものがあるのですが、「賃貸型」はほとんど無いため、本書では、匿名組合型と任意組合型の違いについて説明をします。匿名組合型の不動産小口化商品は、対象となる不動産に投資をするのではなく、資金を集める会社や、該当する事業プロジェクトのために投資する形になるのです。そのため、事業が失敗しても投資家には1円もお金を返さなくても問題はありませんし、投資資金を取り戻す術もありません。

こういう危ない金融商品が広告で規制なく流れ、中身を知らない投資家が疑いもなく投資してしまっているというのが現在の状況です。そして、とうとう、不動産小口化商品の中の匿名組合型のもので行政処分になったものが初めて出てしまいました（これは、後で解説します）。

〈任意組合型〉

●メリット	●出資割合の所有権がある ●相続税の軽減がある
●デメリット	●現物不動産と同じく登記費用や固定資産税の負担がある

〈匿名組合型〉

●メリット	●登記費用など諸費用が少ない ●運用コストが少ないので一般的に配当が高い
●デメリット	●万一のときの所有権を主張出来ない （投資は不動産にではなく、事業者、事業プロジェクトに投資） ●所得は単なる雑所得あつかい

同じ不動産小口化商品でも
こんなにも違います。二つは全く別物！

「匿名組合型」の場合はみんなで大家になるといいながら、その不動産に投資家の登記もされません。つまり、何かがあった場合でも自分の所有権を主張出来ないのです。更に、投資したお金がどのように使われているのか？　どんな事業をしているのか？　など全く分かりません。ここまで、説明されると、「匿名組合型」の出資は、お金を出す方もかなり勇気が要ると思われないでしょうか？

もう一方の「任意組合型」の方は、対象不動産に出資した形になります。だから出資割合に応じてきちんと登記がされます。その代わり、登記費用や固定資産税などの費用を当然負担しないといけないわけです。とはいえ、登記する事で後々所有権が主張出来るわけです。

「匿名組合型」の問題点として万が一、事業が破綻したときに、お金がほぼ返ってくる事が無い事を伝えましたが、この手法は不動産事業以外でも、投資家から多額の資金を集めるスキームとして以前から使われてきた手法でもあるのです。このスキームがすべて問題とは言えませんが、大々的にニュースになる大きな投資詐欺事件は全部この匿名組合型の投資です。昔で言えば、「和牛商法」「ジャパンライフ事件」などがありました。最近では太陽光発電事業で破たんした「チェンジザワールド」もこの匿名組合型の投資です。この手口にありがちですが、そもそもの事業がうまくいっているわけでもなく、新規で顧客になった投資家のお金を自転車操業的に配当金に充てて、最後は破綻というケースが多いのです。

このように「匿名組合型」と「任意組合型」の不動産小口化商品では、リスクの観点から比べると、全く別の投資運用というぐらい異なるものなのです。これは、基本の基本。しかし、この事すら皆さん解っていないのではないでしょうか？ 中には、もうすでに不動産小口化商品に投資をしてる方もいるとも思いますが、初心者、初級者の方は、「匿名組合型」のものは、安全性に問題があるため手を出さない方が無難でしょう。

あなたは知って投資しているのか？ 行政処分が出た「不動産小口化商品」

「不動産小口化商品」の中でも行政処分が出たものをお伝えしたいと思います。

行政処分とは、その投資が、なんらかの問題があって監督官庁から「一定期間販売停止処分にされた」という事です。

商品名は「みんなで大家さん」です。耳にした事はありませんか？　さてこの「みんなで大家さん」はどういう投資商品かというと、一口100万円、運用期間5年、利回り7％の不動産小口化商品です。特にこの低金利の時代において、7％はとても魅力的に映ったとみて、2020年から2024年あたりまでで投資家は3万8000人ほどになり、総額2000億円弱の資金が集まったようです。

さて、「みんなで大家さん」の対象となっている不動産は、どのようなものなのでしょうか。

「高まるインバウンド需要に向けて、成田空港近辺に一大複合エンターテイメント施設を作る」…。多目的アリーナやエリアで最大規模のホテル施設など構想はもの凄いもので、その資金を募ったのです。その後、2027年に開業させる予定だというのですが、未だに現地は造成中で原野のまま、現地への道路すら整備されていない有様です。

基本的な話を確認しますが、不動産小口化商品は、仕組みは不動産投資と同じです。いい不動産を買って（投資して）、賃貸して家賃をもらい、それを分配するという単純な話です。これの前提は、賃貸している建物がある事なのです。

しかしこの「みんなで大家さん」は造成中の更地です。どこから家賃に相当する収入を得るのでしょうか？　事実は、外野の我々には分かりませんが、投資家のお金は、その事業会社の運転資金に使われていないでしょうか？　また、投資家が貰っている高配当分の配当は、どこから得られるものなのでしょうか？　もしかしたら、新規投資家のお金が、古い投資家の配当になっていたりしないでしょうか？　真相は分かりませんが、何年も前からYouTubeなどで散々「危ない」と名指しされており、最近では「本当に詐欺じゃないか？」と疑う人もいたようです。

そして行政処分が発表になったとたん、24時間中に470名の投資家からの解約申入れがあったとの事です。その額なんと28億円分。あまりの解約ラッシュの凄さからそれまで「自由に譲渡可能です」としていたルールを変更。一時的に「解約は自由と謳っていたルールを変更し段階的に解約に順次応じていく」という措置をとったとの事です。

そして、それから、3、4か月で投資家の約1割強の4000人が、更に解約申込みを入れているという状況のようです。しかしながら、即時、解約に応じてくれる事は無いわけで、「いつ、自分のお金が返ってくるのか？　もしや返ってこない事すらあるのではないのか？」、高齢で退職金の多くを投資し、老後資金のために運用した方々などは、心身的にかなり参っているという話もあるようです。

こういうリスクが不動産小口化商品にはある事を残念ながら、事件となってから知る事になるのです。

高配当は、資金調達が難しい裏返し

そして、この「みんなで大家さん」は、匿名組合型の不動産小口化商品です。任意組合型と違って登記で自分の財産を主張出来ません。また、節税効果も全くありません。

それでは「匿名組合型」には何のメリットも無いのでしょうか？　いや、一般的に匿名組合型の投資は、配当が高くなる傾向があります。リスクを多くとっている代わりに利回りが高いという事になるのです（ただ、多くの方は、低リスクと誤解をして投資してるようですが）。

しかしこう考えてください。事業資金を出資してくれた見返りで利息を付けるわけですが、そもそも利息や配当とは事業主の格を表すものです。その利息が、もしも銀行預金や国債と同じなら、誰も投資しませんよね。それは、お金を預ける相手の信用力が違うからです。

そして資金を必要としている事業の側ですが、「なぜ銀行でお金を借りないのでしょうか？」。そこをよく考えてほしいのです。仮に銀行で、2％の利息で事業資金を借りられるなら、投資家に7％払って調達するよりも利益を多く出来るわけです。経営者目線で考えればこんな事を考えるのは、当然の事なのです。では「なぜ銀行で事業資金を調達しないのでしょうか？」。しないのではなくて出来ないのです。だから一般投資家に高いコストを払ってでも、資金集めをするのです。仮に50億円の資金調達が必要な場合、7％の配当を支払うのと金利2％で銀行から調達するのとでは、2億5000万円ほどの差が生じます。これは、その分まるまる事業の利益が減るのです。

そもそも5%といったら会社経営者の目線でいえば、経常利益の割合に匹敵します。一般的な零細企業では、5%どころか1%すら経常利益を出せない会社は沢山あるわけです。こういう視野で考えると、投資の裏側が見えてきます。

今後、表面化する解約ラッシュ。解約のマグマが溜まりつつある

世界の不動産市況は不安定なうえ、この「みんなで大家さん」の対象不動産の場所は、成田です。成田の人に怒られてしまいますが、今後、成田エリアの地価が大きく上がるでしょうか?

不動産小口化商品のリスクとして、最大の問題は、一定期間解約が出来ないという事は説明しました。これは不動産に下落の兆候が見られ始めても何も出来ず、出資したお金が目減りしていくのをただ見ている事しか出来ない、という事です。

幸い過去10年間、日本の地価は上がり続けてきました。過去に組成され、現在までに運用期間を終えたものは家賃収入、節税、そして売却益などすべてに関していいとこ取りが出来たと思います。しかし不動産市況が岐路に立っている現在は、不動産市況の下落により、投資した元本が月々のわずかな収入程度ではカバー出来ない程の損失を生む可能性があります。不動産業者はこの事を知っています。だから地価の下落兆候が表に出ていない今のうちに「組成済みの不動産小口化商品を全部売り切ってしまいたい」。これが本音なのです。

「みんなで大家さん」は「低リスク」「預金感覚」などと広告で謳っていました。ここまで解説してきましたが、皆さんは、低リスクとお感じになりましたか？　また、どう見ても「預金感覚」とは程遠いですよね。また、何をもって「低リスク」と言うのか？　もし株式投資がミドルリスク・ミドルリターンの投資に分類されるのであれば、それ以上のリスクが内在しているはずで低リスクであるはずはなく、むしろ高リスクな投資に分類されるべきです。

実はこのように、広告表現としてかなり問題があるわけです。しかし、広告のうえではたくさんの高リスクな投資が、規制もなくあふれているのです。そして、消費者は安易に広告を鵜呑みにして、簡単に騙されてしまうのです。

スマホでたまたま利回りの良い金融商品として目に留まり、「投資額は少ないし、一つ始めてみようか。１００万円程度ならばリスクは知れているだろう」、という軽い気持ちで始めてしまう。そして配当で７％も戻ってくるのが、自分で確認出来れば、「なんだ、大丈夫じゃないか」と警戒感が麻痺してくるのです。そして、自分が７％の投資をしている事をつい、他人に吹聴したくなるわけです。「いい運用先知っているよ」などと、悪気も無く知人に紹介します。紹介された人は「身近な人が投資しているなら良いだろう」とこの不動産小口化商品の投資を始めます。こうしてどんどん広まっていくわけです。


そもそも上場していない投資商品は、一般消費者がリスクを見抜くのは難しいのです。少なくとも今流行の不動産小口化商品は、株や投資信託とは全く違う投資である事は理解頂けたと思います。

大分手厳しい話になってしまいましたが、この「不動産小口化商品」を甘く考えて、「損した」「騙された」という人が将来出てこない事を祈るばかりです。

第8章

知らないと騙される。AIを活用した不動産購入

「AIを活用した不動産投資」。こんな謳い文句の不動産投資がそう遠くない未来に登場するはずです。皆「それは、すごくいい仕組みだ、営業マンが勧める不動産はちょっと信じられない、だけど、AIなら、営業成績や感情など無いから、自分にあった物件をフェアに選んでくれる」。仮にそういう事を思った方は間違いなく、将来、騙される方となるでしょう。また、かつて投資詐欺に遭ってしまったという方もほとぼりが冷めたころに、またこのAIというキーワードで騙されてしまう可能性が高いと思います。

私は2020年に、「AIとはこう付き合え！」という内容の書籍を出版しました。しかし、たったこの数年でAIをとりまく状況が大きく変わっています。インターネットの検索エンジンでは、膨大な量のデータから自分で欲しい情報にたどり着くまでに、一定の時間がかかってストレスがあったものが、AIの登場で、精度が高く欲しい情報にまで簡単にたどり着く事が出来るようになりました。しかし、それでもまだ、情報の記憶媒体の域を出ていなかったわけです。それが、たった数年で、欲しい情報に自分では知りえなかった＋αを付加して提供してくれるようになりました。更に自分の脳では考えつかないであろう、オリジナルコンテンツをも作り出せるレベルにまで来ています。チャットGPTはすでにビジネスや勉強にも、無くてはならないものになっており、学習の定義、ビジネスマンの能力の定義すら変えてしまいました。

また、これを悪用すれば、フェイク動画すら簡単に作れるので、SNSでは偽広告やアンチ活動に使われる、なんて事も起こっています。テレビやラジオなどのメディアは情報の裏取りをしてから、ニュースとして報道されたり、番組として流すわけですが、インターネットでの情報発信は、発信者個人の勝手な思惑が、そのまま世の中へ流れ出ていってしまいます。悪質なものでも、取り締まる側のマンパワーが足りず、規制されていないのと同じ状態で拡散していき、それを受け取った一般消費者が、その情報を信じてしまうという構図が多く見受けられます。ここがネット社会の怖いところです。もちろん、AIが悪いわけではなく、我々受け手が、情報を正しく精査し、取捨選択する能力が問われるようになりました。そして金融投資の世界もAIによって、大きな進化を遂げています。

ご存じのとおりAIは、人間と比較して遥かに膨大な量の過去のデータを処理出来、更に投資判断を誤らせる人の感情などのバイアスを排除出来るわけなのです。

つい最近では、投資の世界でもとうとう、AIのアナリスト判断が生身のアナリスト判断よりも利益を出したというデータもあるようです。よって今後は多くの投資において、AIが投資判断をし、それに倣って生身の株主やトレーダーが投資を行うという流れが、ごく当たり前になっていくと思われます。

しかし、これだけAIが進化しても、不動産探しにAIは役に立ちません。それどころか、不動産投資に限っていえば、AIが儲からない物件をチョイスする可能性すらあるのです。

不動産の物件探しとAIは全く馴染まない、AI活用の謳い文句に騙されるな

将来現れるAIを活用した不動産投資の営業は、このようなセールストークになるはずです。

「この投資は、営業マンがお勧めするものではありません。営業マンは担当者の考えや思惑、ノルマなどにも左右され、お客様に最適なものを提案出来ない事が多々

ありました。しかし、今回のシステムは違います。営業マンではなく、AIが数多くのデータからあなたに最適なものを選び出し、提供いたします」

これって安心感ありますよね？　受け取る側が勝手に正論と思い込んでしまうわけです。

さて、不動産の情報には、三つの階層があるという話をしました。1階層目が、皆さんが不動産を探すときに閲覧し検索するポータルサイトです。2階層目が、一般の消費者は、見る事の出来ない不動産業者専用のレインズというネットシステム。そして、3階層目は、そのレインズにすら載らないお宝情報という具合です。そして、我々プロや不動産投資上級者は、3階層目の情報を売買しているからこそ、儲かるという事も述べました。

AIは、膨大なデータから、瞬時に最適なものをチョイスします。しかし、データが無いものには、どうやったところで、AIには抽出できないのです。我々が、生業とする3階層目のお宝不動産をAIはどうやって、見つけ出すのでしょうか？

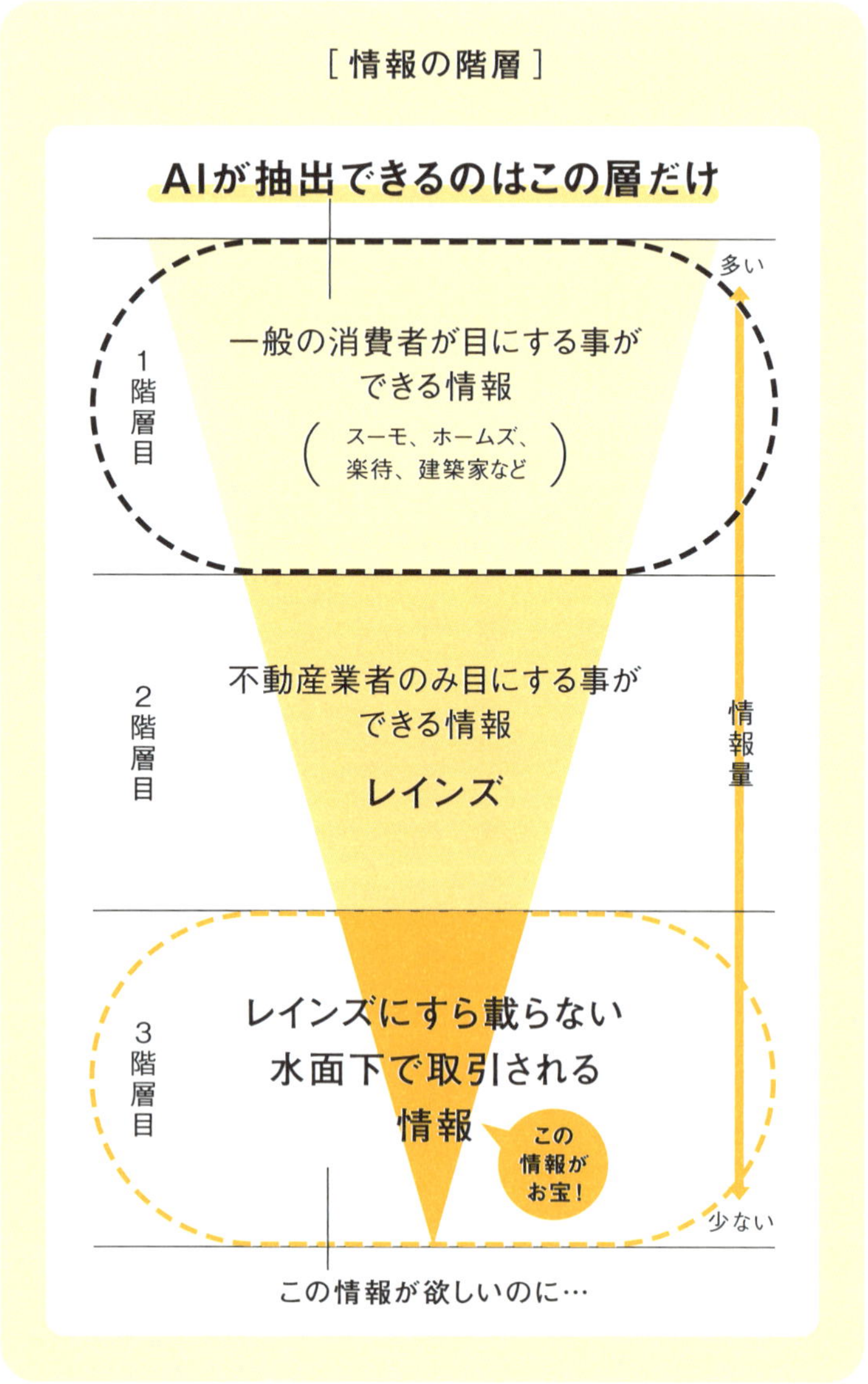
[情報の階層]
AIが抽出できるのはこの層だけ
多い
1階層目
一般の消費者が目にする事ができる情報
（スーモ、ホームズ、楽待、建築家など）
2階層目
不動産業者のみ目にする事ができる情報
レインズ
情報量
3階層目
レインズにすら載らない水面下で取引される情報
この情報がお宝！
少ない
この情報が欲しいのに…

絶対に見つけ出せるわけがないのです。現状では、AIがデータとして取り込めるのは、1階層目のポータルサイト程度、でも、これは、単純な広告です。2階層目のレインズというプロ用の情報ネットシステムであれば初めの売り出し価格と成約価格が載るので、これで初めてデータになります。しかしこれは、一般公開されていません。この程度のデータベースですら、活用する事が出来ないのです。2章で述べたとおり、投資物件のお宝情報は3階層目の情報にあって、我々はそれを売買しています。この現状が変わらない限り、AIを物件検索に組み込んだところで、お宝物件が眠る3階層目にはたどり着けないのです。実は、この階層がある事は、すべての不動産業者が知っています。知っていながら、あえてAIを組み込んで物件選定をさせるのだとすれば、それはAIという言葉をうまく使って消費者、投資家を騙しているのと変わりありません。当然、そのAIがチョイスした物件は、儲からない物件ですから、いい投資になるはずもありません。

「AIだから安心です」と言う営業トークは、「節税になります」「将来の資金になります」というワンルームマンション販売のトークと何ら変わりないと言ったら、言い過ぎでしょうか。AIが問題なのではなく、現状の不動産業界には馴染まない事を知りながら、AIというワードを使えば売れると考え、消費者の事を置き去りにしている不動産業者が問題なのです。近い将来、消費者の「AIなら安心」と言うAI神話を利用して、言葉巧みにセールスをしてくる不動産会社が現れたときに思い出してください。AI活用の謳い文句に騙されてはいけません。

便利になっていくという事は、実は騙す手口もまた増えていく事

インターネットの登場が第2の産業革命と言われてから久しいですが、今は、AIが、インターネット登場時と同様に、世の中の常識を大きく変えようとしています（というより、すでにもう変わりつつあります）。

単なる知識の詰め込みは意味がなくなり、詰め込み学習による学歴社会の構造すら変えようとしています。過去の知識や様々な事例の整理はAIに任せ、それらを使ってより物事を深掘りしていったり、疑問に思っていく事、矛盾に気づく能力の方が重要になっています。

先日ある弁護士の先生が、弁護士の在り方すら変わってきているとおっしゃっていました。今までの弁護士は、過去の裁判の判例を調べる事も業務の一部だった、しかし、その過去の判例はAIに精査させて弁護士は、よりコンサルタント的な役割が求められるようになっているとの事です。

本書では不動産の詐欺の事例を少し述べていますが、騙し騙されるという話は、時代を超えて昔からあり、その手口すら変わっていないのです。今、SNSでは有名人を語った投資詐欺が横行していますが、かつては、さも有名人と繋がっているようなセミナー（実際は全く関係性など無いのですが）などを開いて騙していた、などという話は多々ありました。今はそれがAIのフェイク音声や画像に置き換わっただけで、手法は一緒なのです。

時代が変わっても、詐欺を働く輩は、また別の新たな手口で騙す手法を考えるはずです。AIが当たり前の時代になっても、AIが、投資詐欺から自分達を守ってくれる事はありません。守るのは、自分しかないのです。その身を守る方法とは、真の金融リテラシーを身につける以外にありません。

世の中が便利になっていくという事は、実は、自ら工夫をしなくなっていくという事であり、それは、自らの頭で物を考えなくなる事でもあるわけです。投資詐欺をする輩からすれば、これはとても詐欺をしやすい状況であるのです。AIの時代だからこそ、我々に求められる事は、疑問を持つ、矛盾に気づくという事なのです。

おわりに

実は、皆さんにお伝えしたい事がまだまだあるのですが、投資初心者、初級者の方々に向けて、なるべく専門用語を使わず解りやすく、けれどプロに近い深い知識が身につけられるようにと思って書き記しただけでも、書籍1冊分のボリュームとなってしまいました。

しかし、詳しく説明したおかげで、「これさえ読んでおけば、不動産詐欺や間違った不動産を選ぶ事は無いだろう」というくらい、内容の濃いものになったと思います。

さて、皆さんはなぜ投資に興味を持たれているのでしょう？

将来への不安、それが一番だと思います。

賃金が上がらない日本の労働環境において、すでに富を持っている者と持たざる者の格差は開くばかりです。持たざる者にも、チャレンジ出来る環境があればまだいいのですが、残念ながら、この日本では、それも期待出来ません。国が何もしてくれなければ、自分の手で何か生きる糧を増やす、要は投資術を身につけていく以外にないわけです。

この投資で生きる糧を増やすという話も、本来は、歳を重ねた者が若者に伝授していくべきものであるはずです。しかし、ご高齢の方は国が手厚く保護してくれる昔の良き時代の考えが抜けず、未だに、収入＝労働という価値観しか持っていません。また、「投資は博打と同等」程度にしか考えていない方も多くいらっしゃいます。こうした事情もあって、この日本では、まだまだ、投資をするという文化が根付いていないのです。

投資先進国のアメリカで、個人のお金のポートフォリオを調べると、預金は15％程度で、残りの85％はすべてなにかしらの運用をしているとのデータが出ています。これくらい、投資が身近な物であるのです。

投資、運用と聞くと、何か難しそう、大変そう、と感じられるでしょう。もちろん、はじめの一歩はそうです。

しかし、このように思った方はいないでしょうか？

「子供の頃から親が自然に投資の話をしてくれていて、もっと若い頃から自然と投資や運用が出来た、そういう環境に育っていたならな…」

そう思った事が少しでもあったら、チャンスが無かった若い自分を、お子様に置き換えてみてください。皆さんが、今、投資を学び、身近にしていく必要があるのは、何も自分だけの事では無いのです。自分達の子供の未来のためでもあるのです。

お子様が大人になったとき、親が投資の話をしてくれたおかげで、少しは豊かに生きていられる、親に感謝、そう思ってくれるはずです。

我々の子供の世代は、残念ながら、今よりもっと生きづらい世の中になっているはずです。世の中の若い世代が、心豊かに生きてもらうためにも、今学びが必要だと私は思っています。

投資というと、儲けて好きなものを買って、派手な暮らしをする、といったように、私利私欲を満たすためのものというイメージを持っていらっしゃる方もいるかもしれませんが、私の自論は違います。投資は「心を豊かにし、人生を豊かにするもの」なのです。人は、聖人君子ではありません。自分の心が満たされているからこそ、余裕が生まれ、他人にも優しく出来るのです。投資は他人に手を差し伸べられる一つの礎なのです。

私は資産家に生まれたわけではありません。投資の元手は、頑張って貯めたわずかな貯金程度でした。ある一冊の書籍と出会い、それから投資の勉強を始めたのです。勉強といっても学者ではないので、実際に投資し、運用して、失敗も数多く繰り返しながら学んだ、まさに生きた勉強です。株式やFXはもちろん、一般の方では縁遠い海外ファンド、商品先物、オプションなどほとんどの金融商品を実際に投資し、そして、利益を上げてきました。

今、私が思うのは、あのとき、行動しておいてよかった、ただそれだけです。

私の出会った書籍のように、本書が皆さんの将来にお役に立てる事になれば、こんなに嬉しい事はありません。

最後に、月並みですが感謝の言葉を述べさせて頂きます。

ラジオ番組を裏で支えてくれているスタッフの皆さん、私の理念に賛同して一緒に仕事をしてくれているわが社のスタッフ、リスナーと創り手をつないでくれる役目のＴＯＫＹＯ ＦＭの佐藤匠さん、一緒にラジオ番組を盛り上げてくれているアナウンサーの古賀涼子さん、リノベーション雑誌「ＬｉＶＥＳ」坂本二郎編集長、本書を出版頂いた「第一プログレス」堀口正裕社長、そして番組を聴いてくださっているリスナーの方々、皆さんのおかげで、この書籍を出版する事が出来ました。

ありがとうございました。

著者

咲本 慶喜 さきもと よしのぶ

株式会社 GO STRAIGHT

代表取締役

国立埼玉大学経済学部卒。不動産業界に30年従事し、現在に至る。投資マンションから借地底地までの幅広い不動産の売買、不動産活用のコンサルティングを行う。自らマンション・ビルを所有し、不動産投資を実行、所有の賃貸物件は独自のノウハウにより、常に100％近い稼働率を誇る。また、先物、オプション、海外ファンドを購入するなど金融投資にも明るく、年間利回り数百％という驚異的な投資運用実績があり、不動産と金融投資両面のノウハウを持つ。

教科書からは学べない！
「不動産の学校」「投資の学校」

2024年12月10日（初版発行）
2025年 1月20日（第2版発行）

発行所　株式会社 第一プログレス
〒100-0006　東京都千代田区有楽町2-10-1
東京交通会館ビル　9F
TEL 03-6269-9732
https://www.ichipro.co.jp
編集　坂本二郎
平井順子
イラスト　深代寿美子
印刷・製本　日経印刷株式会社

ISBN978-4-904018-06-4